**알고도 모르는
디자인씽킹의 비밀**

DESIGN THINKING & DOING SECRETS

알고도 모르는
디자인씽킹의 비밀

안경미 지음

바른북스

책머리에

내게 있어 디자인의 의미는 우리나라의 디자인 발전사와 궤를 같이한다. 나는 아주 오래전에, 그러니까 학과 이름에 '응용'이나 '생활'을 붙여 부르던 그 시절에 미술학과를 졸업하였다. 당시는 디자인의 개념 자체도 불분명했다. 결혼 후 자의 반 타의 반으로 보스턴의 한 미술대학에서 그래픽디자인 석사과정을 시작하였는데, 나는 문화충격에 가까운 느낌을 받았다. 그래서 한국에 돌아가면 여기서 얻은 새로운 인식과 깨달음을 후배들에게 전해주고 싶다는 강한 열망을 갖게 되었다.

1992년에 귀국한 나는 2000년대 초반까지 약 10여 년간 대학에서 타이포그래피와 편집디자인을 중심으로 비주얼커뮤니케이션 분야를 강의하였다. 그리고 15년이 지나 2020년부터 교육 현장에서 디자인 강의를 다시 시작하였다. 지금은 강의에서 좀 더 다양한 문제 해결을 위한 디자인 리서치와 서비스디자인을 다루고 있다. 강의 내용의 변화에서 보이는 것처럼, 강단을 떠난 짧지 않은 기간 동안 디자인의 영역은 훨씬 넓어졌고 그에 따라 디자이너에게 요구되는 역할도 많아졌다.

게다가 지금은 디자인을 전공하지 않은 사람들도 디자이너가 되어 사회의 여러 문제를 해결하는 일에 적극 참여하는 시대이다. 전문 디자이너들이 사용해 왔던 아주 긴 역사의 사고방법이 이 시대에는 일반인들에게도 알려져 생활의 다양한 영역에서 시도되고 있다. 그래서 모든 사람이 디자이너가 되어가고 있는 것 같다. 그 변화와 움직임을 지켜보는 일은 흥미롭기도 했지만 조금은 당황스럽기도 하였다. 그러나 최근 그 변화의 실타래 한쪽 끝은 30년 전 그래픽디자인 석사과정에서 배우고 깨달았던 것들과 연결되어 있음을 알게 되어 마음이 편안해졌다. '디자인은 문제에 대한 정확한 이해'라는 핵심 원리가 같음을 알게 되었기 때문이다.

과거와 달라진 부분은 문제발견 과정이 더 세밀해지고 콘셉트 개발 과정이 더 실험적으로 변화된 점이다. 또한 디자이너가 아닌 사람들이 동일한 원리와 방법으로 각자의 분야에서 문제를 해결하기 위한 실험을 진행하고 있다는 점도 주목할 만하다.

그래서 나는 이 시점에서 디자인 분야의 변화를 정리해 보고 시대별로 중요하게 다루어졌던 디자인의 원리들과 시대가 가도 변하지 않을 원리들을 요약해 보고 싶었다. 너무나 기본적인 내용이지만 새삼 강조되어야 할 부분도, 그리고 새롭게 디자인적 사고를 접하게 된 일반인들이 놓치지 말아야 할 부분도 나누고 싶었다. 오랜만에 다시 만난 젊은 디자이너 지망생들에게는 그들이 어디를 향해 가고 있는가 하는 큰 그림도 알려주고 싶었다.

이 책의 출간을 준비하는 기간 동안 책의 제목인《알고도 모르는 디자인씽킹의 비밀》을 줄여 '알모디씽'이라는 이름으로 트렌드 분석과 서비스디자인씽킹 전문가 과정을 개설하였다. 책 속에는 참여했던 팀이 실제 기업 사례로 다룬 '진DoI'의 단계별 결과물이 포함되어 있다. 이 프런티어 팀으로 프로젝트에 참여하였던 이소라, 송정연, 염주희, 권은진 님에게 감사드린다.

이 책은 두 권으로 이루어진 시리즈 중 첫 번째 책으로 기획되었다. 첫 번째 책은 디자인씽킹을 중심으로 한 내용을, 두 번째 책은 서비스디자인을 중심으로 한 내용을 다룰 것이다. 이 첫 권은 과거의 디자인 현장을 경험한 사람으로서 20년의 세월이 지나는 동안 디자인 분야가 다양한 분야로 확대·발전되고 있는 현상을 알게 된 후, 새롭게 깨닫고 느낀 점을 기초로 다음과 같은 내용을 다루고 있다.

- 20세기 디자인과 21세기 디자인 비교
- 디자인씽킹의 발전 배경
- 디자인씽킹의 원리
- 디자인씽킹 적용 현장에서의 오류들
- 디자인씽킹의 좋은 사례

또 이 책에서는 이미 시중에 있는 많은 자료를 통해 접할 수 있는 다음의 내용은 다루지 않는다.

- 디자인씽킹의 단계별 과정
- 디자인씽킹 툴킷 적용법

따라서 이 책은 방법을 다룬 교과서 형태의 도서를 한두 권쯤 읽어보신 분이나, 디자인씽킹을 적용한 프로젝트 경험을 해보신 분들에게 좀 더 실질적인 인사이트를 전해줄 수 있을 것이다.

목차

3장 본격적으로 비밀에 대하여

4장 이 모든 것 위에

DESIGN THINKING

1장

디자인,
디자이너

라떼는

지금은 '행복이 가득한 집'으로 잘 알려진 출판사 디자인하우스가 1976년 〈월간 디자인 design 〉 잡지를 창간하였다. 당시 미술대학에는 디자인학과라는 학과도 없었고, 응용미술학과와 생활미술학과, 장식미술학과와 같은 이름으로 불렸다. 1980년대 중반이 되면서 학과 이름에 디자인이라는 용어를 붙여 시각디자인학과나 제품디자인학과, 산업디자인학과 등으로 불렀다. 제조업의 발전과 때를 같이하여 디자인의 중요성이 국내 산업과 생활 전반에서 크게 부각되기 시작하였기 때문이다. 그러나 1990년대까지는 아직 해외 디자인과는 여러 면에서 큰 차이를 보였다. 역사가 긴 유럽이나 미국에 비교할 때 한국의 디자인 분야는 매우 열악했음에도 불구하고 무엇이든 빨리 배우고 응용하는 한국인의 특성 덕분에 곧 디자인 경영의 시대가 열렸다.

아직도 국내 산업의 구석구석에는 디자인에 대한 인식이 낮고 디자인에 신경 쓸 여력이 없는 기업과 조직을 흔히 볼 수 있다. 그러나 지난 20여 년 동안 디자인 분야는 급속히 발전했고 디자인대학의 전공도 세분화되었다. 각각의 전공 분야를 공부하는 학생들은 자기 분야에만 집중하여 디자인의 다른 영역도 이해하는 데 한계가 있을 수 있다. 디자인을 전공으로 하는 학생들이든 신참 디자이너이든 자신이 몸담고 있는 전문 분야의 개념과 가치를 아는 것은 중요하다. 새롭게 디자인씽킹을 접하며 그 매력에 빠져들고 있는 분들도 디자인 영역의 큰 그림을 이해하면 도움이 될 것이다.

먼저 지난 세대인 20세기 디자인의 분류와 개념들을 이해해 보자. 많이 알려진 디자인 분야를 열거해 보자면 가구디자인, 편집디자인, 인테리어디자인, 자동차디자인, 패키지디자인, 산업디자인, 제품디자인, 의상디자인 등 그 종류와 수가 무수히 많다. 이렇게 많은 디자인의 영역을 크게 분류해 보면 개념이 잘 정리된다. 특히 저자가 대학에서 그래픽디자인을 강의하던 2000년대 초반과 2020년대인 현재 사이에 디자인 영역에 적지 않은 변화가 있었으므로 디자인을 그 특징에 따라 분류하여 비교하면 더 쉽게 이해할 수 있다. 2015년까지 46년간 캘리포니아 주립대학의 디자인대학 교수로 재직했던 그렉 베리맨 Gregg Berryman 의 분류방식을 참고하면 20세기 디자인은 크게 세 가지로 분류할 수 있다.

20세기 디자인 분류

그 첫 번째 영역은 시각디자인 Graphic Design 이다. 가장 흔하게 볼 수 있는 책, 잡지, 브로슈어, 카탈로그, 로고, 심벌, 교통표지판 등의 각종 사인물, 패키지, 광고, 전시 등이 여기에 포함된다. 디자인의 이 영역을 정의하면 읽는 정보 Information to read 를 다루는 것이라고 할 수 있다. 이렇게 정의를 알게 되면 시각디자인의 영역에 포함될 수 있는 것이 무엇인지 분류할 수 있다. 두 번째는 제품디자인 Product Design 이다. 여기에는 가구, 이동 수단, 의류, 액세서리, 신발, 가방, 연장, 가전제품 등이 포함된다. 이 영역을 정의하자면 우리 주변을 둘러볼 때 눈에 들어오는 거의 모든 사용하는 물건 Things to use 을 의미한다. 마지막으로 세 번째 범주는 환경디자인 Environmental Design 으로 우리가 거하는 공간 Where to live 으로 정의되었다. 집, 건물, 체육관, 공연장, 정원 등 건물의 내부부터 도시계획까지 안과 밖의 모든 공간과 관련한 부분이 여기에 속한다.

지금은

디자인 분야는 경영과 바로 연결되어 있다. 디자인 관련 일을 하다 보면 마케팅과 더불어 기업 경영에 자연스럽게 관심을 갖게 된다. 기업의 전략이 시장의 소비자들과 실제로 만나는 결과물을 디자인이 책임지고 있기 때문이다. 디자인 시대가 되면서 기능 발전과 함께 외형적인 모습이 시장에서 사랑받는 정도를 결정한다는 것은 상식이 되었다. 경영의 주요한 전략으로 디자인을 앞세우는 디자인 경영 개념도 일반화가 되었다. 21세기 들어서는 그야말로 디자인을 빼놓고는 경쟁력을 이야기할 수 없는 시대가 되어 2010년 정부의 적극적인 의지를 보여주는 '디자인산업융합전략'이 발표되었고 이어서 디자인을 통한 기업 경쟁력 제고에 대한 연구가 활발해졌다.

디자인은 새로운 기술을 배경으로 사람들의 소비행태와 더불어 발전해 왔다. 자동차를 예로 들어 산업과 디자인의 발전에 관해 이야기해 보자. 1700년대 후반 증기기관의 등장으로 1차 산업혁명이 일어났고 현재 우리는 4차 산업혁명의 시대를 살고 있다. 1886년 휘발유로 움직이는 첫 자동차가 칼 벤츠에 의해 제작되었다. 이후 계속해서 차는 대량생산으로 제작되어 오늘날에 이르렀다. 우리나라의 경우 1970~1980년대까지만 해도 자동차는 이동 수단으로써 만드는 대로 잘 팔리는 상황이었다.[1] 자동차 제조업체는 늘어나고 시장이 자동차로 포화되었다.

디자인의 중요성은 부각되었고 당연히 디자인 영역에도 변화가 왔다. 20세기의 제품, 시각, 환경디자인 각 분야는 더 세분화되고 확대되어 왔다. 고려해야 할 부분이 더 넓고 깊어지면서 그 범위와 명칭에도 변화를 가져왔다. 주로 시각적 요소들 중심의 그래픽 작업들이 더 다양한 미디어와 전략적 메시지까지 다루게 되면서 커뮤니케이션디자인 Communication Design 이라는 이름으로 변화하게 되었다. 콘셉트 개발중심의 제품디자인은 기능과 외형적인 부분과 함께 대량 생산과정을 위한 설계 등을 포함하면서 산업디자인 Industrial Design 이라는 이름으로 발전되었다. 한편 환경디자인은 생태 친화적인 지속가능성의 이슈들까지 포함하여 그 범위가 확장되었다.

자연히 생활의 변화도 빠르게 진행되어 사람들은 단순히 이동수단으로 자동차를 구매하기보다 그 이상의 가치를 기대하면서 더 넓은 선택 권한을 기대하게 되었다. 바야흐로 시장 중심의 산업환경은 소비자 중심의 상황으로 전환되었다. 이렇게 되니 기업은 소비자들에게 더 사랑받기 위해 각자 차별화된 기능을 추가하고 또 편리함을 더하는 서비스를 덧붙이게 된 것이다. 결국 제조업 분야에서뿐 아니라 많은 기업들은 점차 소비자들의 라이프스타일을 세밀히 연구하고 내면의 잠재적인 니즈를 확인하기 위해 노력하지 않을 수 없게 되었다. 애플, 코카콜라, IBM 같은 기업뿐 아니라 공공기관, 비영리단체 등 모두 기존에 갖고 있던 조직 역량 그 이상의 디자인 사고 능력을 필요로 하게 되었다.

결과적으로 새로운 디자인의 영역이 등장하였다. 바로 고객 경험에 집중하는 서비스디자인이다. 서비스디자인은 산업의 변화발전에 따라 제품의 단순한 기능 이상의 관련된 경험을 위해 다양한 서비스를 개발하고 개선한다. 이 경험으로 전달되는 가치들은 기능과 경제성뿐 아니라 지식이나 환경보호, 사회적 지위, 성취감 같은 것들을 의미한다. 눈에 보이지 않는 서비스는 일정 공간의 범위를 벗어나기도 하고 시간의 흐름 속에서 시각, 청각, 촉각 등의 감각과 깊은 내면의 감정, 정서 모두와 연결되어 있다. 하나의 서비스를 완성하기 위해서는 디자인의 다양한 영역이 적용되므로 어느 한 범주에 포함시키기 어렵다. 그래서 과거의 디자인 분류들의 총합적인 위치에 배치해 볼 수 있다.

산업 영역이 소비자 중심으로 변화하는 동안 사회적 경제, 지역사회, 마을공동체 형성의 개념들도 확산되었다. 우리가 사는 지역의 문제를 위해서도 주민과 시민을 중심으로 해결해 가고 있다. 정부의 공공 혹은 사회복지 차원의 서비스를 공급받던 사람들도 직접 문제를 개선하거나 방향을 결정하는 과정에 참여하기 시작하였다. 2014년부터 행정안전부와 산업통상자원부, 그리고 한국디자인진흥원은 협업하여 서비스 제공자인 공공기관들이 서비스 수혜자인 국민들과 함께 정책결정을 하도록 '국민디자인단'을 추진하여 왔다. 다음 해인 2015년부터는 서울시 디자인정책과가 주관하는 '디자인 거버넌스'를 통해 시민이 사회적 문제를 제안하고 주도적으로 참여하여 해결하고 있다. 2000년대 초반 덴마크 정부가 '마인드랩 MindLab' 을 개설하여 공공부문에서 주민들과 관련 기관들이 함께 문제를 해결하였다. 이 방식이 영국을 비롯해 점차 유럽 전역에 '리빙랩 Living lab '이라는 명칭으로 확산되었고 최근 국내에서도 여러 지역자치단체에서 실행되고 있다. 공무원과 기관은 시민과 기업, 전문가, 디자이너들과 함께 기존의 설문이나 공청회 등으로 발견되지 못했던 니즈들을 발견하여 더 세심한 해결책을 찾아가는 과정으로 자리 잡아온 것이다. 21세기는 이처럼 다양한

영역에서 디자인씽킹의 인간 중심 문제 해결과정이 누구에게나
공개되어 실험되고 있다.

그래서

그래서 디자이너들은 당황하였다. 무엇보다 시장을 중심으로 전개되었던 디자인 프로세스는 사람들의 내면을 보다 깊이 알아야 하고 또 경험을 디자인하기 위해 새로운 사고와 접근법이 요구되었기 때문이다. 당황한 것은 디자이너뿐만이 아니었다. 오랫동안 한 자릿수의 시장 적중률을 갖고 있었던 기업들은 반복되는 시행착오 속에서 벌써부터 '고객은 왕'이라고 외쳐왔지만, 효율성과 생산성을 고민하던 것에서 이제 정말 새로운 접근방식을 시도해야 했다. 국가는 정책에 대한 시민들의 불평 속에서 새로운 결정방식을 채택할 수밖에 없었다.

이런 변화 속에서 앞 장에서 이야기했던 20세기 디자인 분류와 정의는 어떻게 달라졌는지 소비자 관점에서 좀 더 자세히 살펴보자. 사용할 물건을 만드는 제품디자인은 누가 사용할 것인가를 고려했었다. 읽히는 정보를 다루는 시각디자인은 누가 그것을 읽는가를 그리고 사람들이 거주하는 공간을 만드는 환경디자인에서는 누가 그곳에 거하는가를 고민하였다. 그러나 소비자에게 공감하여 경험 만족을 추구하는 21세기 디자이너들에게는 새로운 관점이 요구되었다.

'누가 어떤 배경에서 이 제품을 사용할 것인가?' '이 정보를 읽는 사람은 어떤 정서를 갖고 있는가?' 혹은 '이 공간에 거하는 사람은 어떤 삶을 추구하는가?' 등 사용하고 읽고 거하는 순간만이 아닌 일상의 라이프스타일 배경과 소비 그 이상의 추구하는 가치들을 세밀하게 들여다보아야 하는 것이다. 이전보다 넓은 범위의 소비자 주변과 환경 그리고 잘 드러나지 않는 부분까지 관심 가져야 한다. 그러기 위해서 기능 제공이라는 기본적인 임무 수행만큼이나 오감의 만족감을 위해 새로운 탐험의 길을 가야 하는 것이다. 대상들의 특징과 시장 상황에 대한 연구를 바탕으로 실제 고객에게 만족하는지 묻고 또 묻는 과정을 필연적으로 포함시켜야 하기 때문이다. 이것은 충분한 증거를 확보하여 매우 설득력 있는 근거를 가지고 개선이나 개발과정을 진행해야 한다는 의미이다.

디자이너와 디자인씽커는 기능뿐 아니라 욕구와 정서를 공감하기 위한 탐험의 길을 즐겨야 한다.

디자인 결과물은 더 이상 기능만을 반영할 수는 없다. 이제 대부분의 디자이너들은 이 사실을 잘 알고 있다. '형태는 기능을 따른다'라는 19세기에 활발했던 건축가 루이스 설리번 Louis H. Sullivan 의 혁신적인 디자인 철학은 21세기에 들어와서 '형태는 소비자의 선택을 따른다'쯤으로 바꿔야 할지 모르겠다. 또한 기업뿐 아니라 공공기관들도 그들의 더 나은 실적을 위해 이런 변화를 잘 받아들이고 참여해야 한다는 것을 잘 알고 있다. 한편 기술은 얼마나 발전하였는지 무엇이든 생각하는 것을 실행할 수 있는 기술이 지구 어딘가에 존재하는 듯하다. 기술의 발전과 더불어 디자인은 생활 편의를 넘어 사회 전반의 문제를 해결하는 주역의 역할까지 기대되고 있다. 결과적으로 대학에서는 디자인융합학부가 등장하였다. 다른 전공의 학과에서도 전공을 넘나들며 사회적 문제 해결이라는 하나의 프로젝트에 함께 참여하는 수업을 흔히 볼 수 있다. 디자인과 경영이나 행정, 그리고 기술적 영역 등을 함께 경험하고 융합적 사고와 접근방법을 훈련하기 위해서이다.

이동 수단으로 보는 산업변화와 트렌드 배경

DESIGN THINKING

2장

디자인
씽킹

아주 오래된 이야기

지난 몇 년 동안 국내에서는 '디자인씽킹'이라는 용어가 디자이너들뿐 아니라 일반인들에게도 널리 알려졌다. 요즘은 단순히 '디자인'이라는 용어보다 '디자인씽킹'이라는 단어가 더 신뢰성 있어 보이기도 한다. 기업의 신상품개발팀 담당자들만이 아니라 조직문제 해결을 위해서, 지역주민과 행정적 문제 해결을 위해 다양한 기관에서 디자이너들만의 영역이었던 이것을 주목하고 적용하기 시작한 것이다.

그 변화과정을 살펴보는 것도 흥미롭다. 1991년 네덜란드의 델프트 공과대학 산업디자인 공학과 교수들은 디자인씽킹 연구를 위한 워크숍을 개최하였다. 그리고 본래 '디자이너적인 사고방식 Designerly Way of Thinking '이라고 하던 이 주제에 대해 발표된 내용을 정리하여 단행본을 출간하였다.[2] 이 문헌에 의하면 1950년대 말부터 디자인씽킹은 공학과 건축 분야에서 시작하여 디자인 영역으로 점차 확산되어 왔다. 수십 년 동안 비즈니스의 현실적인 제약 안에서 사람들의 필요와 연결할 만한 기술을 찾아가는 동안 디자이너와 함께해 온 것이다. 따라서 디자인씽킹과 그 고유한 진행방식인 코크리에이션 Co-creation 은 잠시 지나갈 유행이 아니다. 조직의 내부가 아닌 조직 밖에 있던 고객을 중심에 두고 관련자들이 모두 함께 문제를 해결해 보고자 모색해 온 길이기 때문이다.

디자인씽킹이 우리에게 지금처럼 친밀하게 알려지기 훨씬 전인 1979년에 발간된 그렉 베리맨 Gregg Berryman 교수의 책을 보면 디자인 프로세스는 선형, 원형, 피드백형, 가지형 등으로 표현되었다.[3] 그래픽디자인 분야와 관련한 프로세스이지만 각 유형은 정의하기 Identify – 대안 찾기 Prelims – 다듬기 Refine – 분석하기 Analyze – 결정하기 Decide – 실행하기 Implement 의 공통적인 단계로 진행되었음을 볼 수 있다. 이처럼 디자인은 소비자에게 선택되기 위해 고민해 왔다. 때론 기업의 입장과 시장 상황에 기울어져 있는 마케팅담당자들과 적지 않은 대립이나 갈등을 겪기도 하였다. 그러나 외형에 치우친 경향이 있었지만 디자인 영역이 다른 어떤 분야보다 소비자를 의식했던 것은 분명하다.

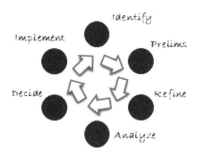

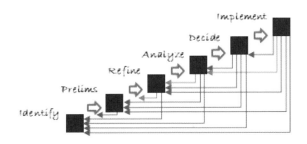

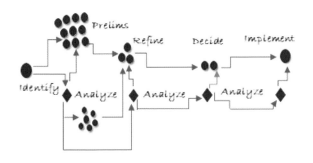

그렉 베리맨 교수가 연구한 20세기 디자인 프로세스

오늘날 디자인씽킹의 대명사로 알려진 IDEO는 자신들이 디자인씽킹을 발명한 것이 아니라 다만 크고 작은 문제를 해결하는 데 적용한 것이라고 고백한다. 제품디자인 회사였던 IDEO 공동창업자인 데이비드 켈리와 후에 CEO를 했던 팀 브라운은 기존의 제품디자인적 사고 Product Design Thinking 로는 부족하다는 것에 동의하였다. 2003년 P&G 기업의 창조적인 기업 전략으로써 디자인을 적용하기 원했던 그들은 사용자 경험이라는 좀 더 넓은 범위를 생각해야 한다고 결론 내었다. 이때 이 넓은 관점의 새로운 사고방식을 지금 우리가 부르는 디자인 사고 즉, '디자인씽킹 Design Thinking '이라고 부르기 시작하였다. 전통적인 디자인 프로세스를 경영 전략에 적용하는 개념이었다. 따라서 그들은 오랫동안 이어져 왔던 원리를 적합한 곳에 적합한 시기에 실행했을 뿐 그들 이전에 많은 혁신적 움직임이 있었음을 강조한다.[4]

새로운 사고의 방식을 적용하여 P&G 기업의 성공적인 결과를 확인하자 팀 브라운은 로트만스쿨에 디자인웍스 Rotman DesignWorks 프로그램을, 데이비드 켈리는 스탠퍼드의 d.-school을 설립하도록 도와 학생들과 기업 경영자들을 가르치기 시작하였다. 팀 브라운은 디자인씽킹의 핵심 활동을 영감, 발상, 실행 단계로 요약하였다.[5] 이를 위해 추상적 사고가 아닌 고객관찰-프로토타이핑-테스트-완성하기 등으로 이루어지는 '행동으로 만드는 아이디어 Idea through Action 를 주창하였다.[6]

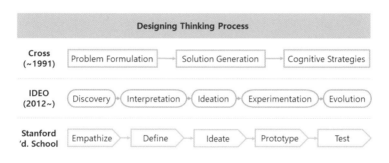

디자인씽킹 프로세스 비교

다양한 사례 연구를 통해 발견된 1990년대까지 디자이너적인 사고방식의 주요한 세 가지 단계는 문제 정의, 솔루션 개발, 인지적 전략으로 요약된다.[7] IDEO가 디자인씽킹으로 부르기 시작하여 점차 확산된 이후 디자인씽킹 적용 사례로 잘 알려진 디자인 기업이나 대학들의 디자인 프로세스 단계의 명칭은 다르다. 그러나 배경을 고려한 인간 중심의 접근법이라는 공통점을 갖고 있다. 그래서 어떤 명칭으로 표현했느냐 혹은 얼마나 단계를 세분화했느냐보다는 디자인씽킹의 원리가 무엇인가를 이해하는 것이 중요하다.

공통된 원리

디자인씽킹의 원리들을 적용하는 실행과정은 다음과 같은 공통적 단계를 진행한다.

1. 고객 중심 원리에 따라 제품과 서비스를 이용할 사람들과 그것을 전달하는 사람들을 포함하여 니즈와 요구 그리고 정서 등을 탐구하는 질적 연구로 시작한다.
2. 이 과정을 거쳐 기존 배경과 고객 혹은 관계자들의 니즈와 요구들을 통해 문제의 발견 및 추구가치를 정의한다.
3. 이어서 그 정의된 문제를 해결하기 위한 아이디어들을 수집

하고 그중 최적으로 판단되는 것을 선택하여 디자인 콘셉트들을 정한다.

4. 마지막 단계는 실질적인 평가를 통해 추가적인 개발과 개선 과정을 반복하면서 가장 적합한 대안을 찾아간다.

사람들은 흔히 방법에 많은 관심을 갖는다. 그러나 방법은 언제나 문제 해결을 위한 핵심 원리로부터 시작되어 발전한다. 따라서 원리를 먼저 이해하는 것이 특정 방법에 메이지 않고 문제의 본질을 다룰 수 있도록 해준다. 디자인씽킹이 좀 더 폭넓게 확산된 후 스웨덴의 한 연구팀이 디자인씽킹과 관련된 사례들을 분석하여 2015년 발표한 디자인씽킹의 공통적 원리는 다음의 여섯 가지로 요약된다.[8]

● 인간 중심 Human Centeredness

● 리서치에 근거 Research-based

● 주변 배경에 대한 인식 Knowing the Surrounding Context

● 공동작업 Collaboration

● 모두가 변화를 창조할 수 있다는 긍정적 인식 Optimism

● 비선형적 실험 Non-linearity and Experimentation

언제나 기업 그리고 공공기관들은 사람을 대상으로 하는 제품이나 서비스를 만들어 왔는데 21세기 들어 새삼 '인간 중심'이라는 원리가 부각되었다. 그것은 그간 제품이나 서비스를 사용할 사람을 모든 결정과정의 중심에 두지 않았다는 것을 의미한다. 연구된 디자인씽킹의 공통 원리들을 자세히 살펴보면 '인간 중심'의 원리는 사고방식을 전환해야 한다는 것을 의미하고 나머지들은 문제 해결방식과 관련되는 원리들이다.

이 핵심 원리들을 적용한 문제 해결방식은 TV 예능프로그램 〈백종원의 골목식당〉을 통해 쉽게 이해할 수 있다. 백종원 대표는 어려워진 식당의 문제가 무엇인지 먼저 확인한다. 주방 구조, 식당 환경, 위생상태, 주인의 태도 등은 자주 지적되는 부분이다. 그러나 무엇보다 식당은 음식의 맛이 가장 핵심이다. 도움을 요청한 식당들 대부분 음식의 맛에 대해 소비자들의 솔직한 반응을 충분히 확인하지 않는다. 오히려 식당 주인인 본인의 취향이나 근거 없는 나름의 방법을 고집하는 경우도 있다. 이 프로그램의 관전 포인트는 맛을 개선하거나 새로운 메뉴를 개발하기 위해 소비자들에게 직접 묻고, 관찰하고, 비교 경험하는 과정을 반복하여 최고의 맛을 결정하는 과정이다.

2018년 한 보고서[9]에 의하면 국내 중소기업 중 50년 이상 장수기업의 비율은 불과 0.2%에 불과한 것으로 나타났다. 대기업의 장수기업 비율은 6%다. 그만큼 기업을 수십 년 지속하는 것은 쉽지 않다. 수십 년 살아남아 온 기업들은 단순히 '고객이 왕'이라는 표어를 내거는 것으로 그치지 않는다. 고객을 가까이서 늘 관찰하고 그들의 소리에 항상 귀 기울여 새로운 요구들을 고민하며 개선과 혁신을 거듭해 왔다.

국내뿐 아니라 독일, 미국, 일본, 이탈리아에 제품을 공급하는 한국도자기는 1943년 창립하였다.[10] 2대 회장을 지낸 김동수 회장의 아내는 직영점에서 직접 제품을 판매하며 소비자의 반응을 확인하고 이를 제품개발에 반영하도록 하였다. 또 소비자들에게 브랜드와 친밀할 수 있도록 도자기 작업과정 경험기회 이벤트를 통해 고객과 직접적인 관계를 맺기도 하였다. 이러한 고객관계 형성과 경영 방식은 지금의 3대 경영진까지 그대로 이어져오고 있다. 한편 제품의 생산 주체인 직원들을 중요하게 여기며 사업의 처음과 끝을 모두 인간 중심의 경영으로 이루어 왔다.[11]

행복을 담는
(H) 한국도자기

1964년에 창립된 나이키의 성장과정은 그 자체가 디자인씽킹의 실험 현장이라 할 수 있다. 창업주인 필 나이츠는 그의 대학 육상팀 코치였던 빌 바우어만과 동업하였다. 바우어만 코치는 자신이 가르치는 선수들의 기록 향상을 위해서 신발이 결정적인 역할을 한다고 믿었다.

그 믿음은 행동으로 연결되어 자주 선수들의 신발을 몰래 가져가 뜯어보고 구조와 재질에 대해 연구하였다. 때론 자신이 새로운 재료로 개조한 신발을 선수들에게 실험하기도 하였다. 선수들 중 몇몇에게 개조된 신발을 신겨보고 지속적으로 확인하는 과정을 거쳐 혁신적인 제품들을 출시하기도 하였다. 창업 초기 사업발전에 공을 세운 또 다른 인물은 판매를 담당한 첫 정규직원 제프 존슨이었다. 그는 초기의 모든 고객들과 편지를 주고받으며 관계를 쌓아갔고 고객이 주는 아이디어를 신제품 개발에 반영하였다.[12]

디자이너와 기업은 언제나 소비자들이 만족할 만한 것을 제공하려고 노력해 왔다. 위 기업의 사례들처럼 제품이나 서비스가 오랫동안 소비자에게 사랑받게 되는 배경에는 시대를 막론하고 같은 원리를 적용해 온 것을 볼 수 있다. 디자인씽킹이라는 용어가 지금처럼 사용되던 때가 아니었지만 고객들의 의견 반영과 반복되는 실험이라는 디자인씽킹의 핵심 원리들을 발견할 수 있다.

일반적으로는 지금까지 기업 상품이 시장에서 성공하는 확률은 5% 정도라고 한다. 그래서 그에 대한 돌파구로 디자인씽킹 이라는 혁신적인 접근법이 주목받고 있다. 일찍이 성공한 조직 속에서는 본능적으로 적용되어 오던 것이 이제 좀 더 체계적으로 정리되어 다양한 분야에서 시도되고 있다. 그러나 국내에서 아직은 기대만큼 성과를 나타내고 있는 것으로 보이지 않는다.

그래서 디자인씽킹의 핵심적인 원리들을 근거로 이제 본격적으로 실행 현장에서 자주 보게 되는 알지만 결국 아직 완전히 소화하지 못했다고 볼 수 있는 부분들에 대해 이야기해 보려고 한다. 이 책을 보는 디자이너 디자인씽커들이 작업을 하면서 혹은 팀을 관리 하면서 혼란스러웠던 이유가 되었던 그 빈자리의 답을 찾을 수 있기 바란다.

DESIGN THINKING

3장

본격적으로
비밀에 대하여

알고도 모르는 비밀 1:
중요한 것은 방법이 아니다

기억해야 할 원리:

인간 중심

비선형적 실험

최근에는 디자인씽킹 과정을 교육하는 프로그램과 활동들을 흔히 볼 수 있다. 초등학생부터 대학생까지, 그리고 엔지니어, 지역 활동가, 행정가, 디자이너 등 각자 자신의 분야에서 새로운 접근법으로 문제를 해결하기 위해 디자인씽킹을 시도하고 있다. 마치 조만간 전 국민이 모두 디자인씽킹을 활용할 것처럼 보인다. 자연스럽게 학교를 포함한 여러 기관에서 디자인씽킹 프로그램을 적용하고 있다. 대부분은 시작 단계에서 영국디자인진흥원에서 적용해 왔던 더블다이아몬드 디자인 프로세스 모델을 소개한다. 이 모델은 2005년에 그들이 실행해 오던 디자인 개발과정을 시각화하여 공개한 것이다. 각각의 다이아몬드는 정보와 아이디어를 수집하는 확산과 결정을 위한 수렴과정을 나타낸다. 이외에 디자인씽킹의 개념을 정립하고 확산해온 IDEO의 프로세스, 혹은 스탠퍼드 d-school의 문제 해결과정도 잘 알려져 있다. 이러한 모델들은 모두 문제의 언저리부터 핵심까지 폭넓고 깊은 리서치를 바탕으로 문제를 정의하고 충분한 아이디어들 중에서 최종 콘셉트를 결정하는 과정을 포함한다.

방법보다 원리

대부분의 디자인씽킹 훈련 프로그램들은 이런 과정 소개와 함께 방법을 경험하는 간단한 프로젝트로 진행된다. 짧은 기간 워크숍 형태로 문제 배경의 이해를 위한 리서치는 생략되고 소수의 대상 관찰과 인터뷰로 시작하여 주로 아이디어 브레인스토밍 중심의 경험을 제공한다. 이 과정은 누구에게나 신선하고 흥미로운 경험으로 남는다. 지금까지 이처럼 다양한 사람들이 함께 모여 사회문제 해결이나 신상품 개발과정 등을 공개적으로 진행해 본 경우가 거의 없었기 때문이다. 다만 이런 대략의 경험과정으로 인해 실제 현장에서는 제대로 인간 중심의 접근

원리를 충분히 적용하지 못하는 경우가 많다. 대상을 둘러싸고 있는 사회적 배경이나 그 속에서 생겨난 새로운 고민에 대한 공감과정을 충분히 다루지 못했기 때문이다. 아마 방법에 앞서 디자인씽킹의 원리와 의미를 충분히 배울 기회가 없어서일 수 있다. 또는 외국에서 도입된 디자인씽킹 개념과 요약된 과정을 배운 뒤 현장에서 시도할 수밖에 없는 국내의 실정 때문일 수도 있다. 그러나 우리 모두에게 있어 아직 많은 사례를 접하지 못했고 충분히 실험하고 실패할 기회가 부족했던 것이 가장 큰 이유일 수 있다.

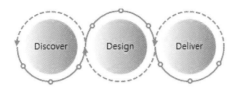

SAP Enterprise Design Thinking

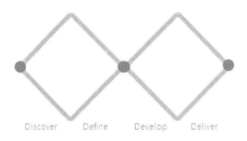

Design Council Double Diamond

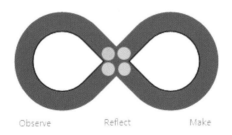

IBM Design Thinking Process

디자인씽킹의 원리는 같지만 디자인씽킹의 프로세스는
각 기관이나 디자인 전문업체마다 그 형태나 이름을 다르게 보여주고 있다.
위에서부터 SAP, 영국디자인진흥원, IBM의 프로세스이다.[13]

방법만 간단히 경험해 보면 디자인씽킹 프로세스는 쉽게 보일수 있지만, 빠르게 결론 내리던 지금까지의 문제 해결과정보다결코 쉽지 않다. 이런 이유로 실제 상황에서 적용할 때 시행착오가 적지 않다. 디자인씽킹의 원리답게 실험이란 워낙 시행착오 속에서 해답을 찾아가는 것이 옳다. 어차피 디자인 프로세스는 거친 탐구와 실험과정이기 때문에 최종 결과가 나올 때까지는 얼마든지 시행착오가 허용되고 또 용납된다. 아무리 유명한 디자인 전문기관들도 디자인씽킹의 프로세스는 실패와 혼란스러운 과정을 거친다. 그러나 충분히 실험하지 않아서 혹은대상에 대한 이해가 부족해서 엉뚱한 결과로 결국 많은 자원의손실을 가져올 수 있다. 팀 브라운의 이야기처럼 디자인씽킹은실패에 안전한 접근법이 절대 아니다. 다만, 사람을 중심에 놓고 문제를 풀겠다는 본질적인 핵심 원리를 이해하면 다양한 용어의 도구들과 방법들에 압도되거나 혹은 오히려 소홀히 하지않고 더 효과적으로 사용할 수 있다.

그래서 방법 자체보다 디자인씽킹의 공통적인 원리, 즉 본질을놓치지 않았는지 검토해야 한다. 다양한 사람들이 함께하는 디자인씽킹의 과정에서는 우왕좌왕하면서 잠시 길을 잃을 때가 있다. 때론 어떤 결과도 제대로 나올 것 같지 않은 막연한 두려움의 시간도 있을 수 있다. 이럴 때 그 본질적 원리를 기억하고 발견한 것들을 바탕으로 조금씩 좁혀간다면 더 나은 결과를 얻을 수 있을 것이다.

공감과 확인

반복적 실험이 중요한 것은 제품이나 서비스를 사용하게 될 대상과 관계자들의 특징, 고통이나 필요를 모두 충분히 이해하였는지 확인하고 또 확인해야 하기 때문이다. 기존의 제품이나 서비스 개발과정은 이 공감과 확인이 충분하지 않았다. 따라서 디자인씽킹의 주요한 본질을 '공감과 확인'으로 기억하기로 하자.

디자인씽킹은 방법이 아닌 패러다임 전환이다.

디자인씽킹은 최근 만들어진 특별한 방법이 아니라 마인드셋, 즉 인간을 중심에 두고 실행하는 실험적 사고로의 패러다임 전환을 말한다. 심지어 디자이너들이 수십 년간 좋은 디자인 결과물을 위해 노력해 왔던 실험에서 이제 기능뿐 아니라 더 인간의 내면까지 이해하려는 부분이 심화된 것이다. 방법적 모방이 아닌 원리적 본질을 잘 이해하고 왜 그러한 방법들로 지루한 반복과정을 실행해야 하는지를 아는 것은 문제에 더 충실히 접근하게 해줄 것이다. 따라서 디자인씽킹을 방법으로 이해한다면 특정한 틀에 묶여 자유롭게 실험의 과정을 유연하게 진행하지 못한다. 프로세스의 진행은 선형 Linear 이 아닌 순환형 Cyclic 이라고 배웠다고 하여도 충실한 실험을 계속하기가 쉽지

만은 않다.

패러다임은 태도

신상품을 기획하거나 사회적인 문제 해결은 디자인씽킹이라는 과정을 통해 스무고개 수수께끼를 푸는 것과 같다. 스무고개를 넘어가는 동안 조금씩 더 그 정답에 가까워지는 것이다. 21세기 디자이너처럼 생각해야 하는 디자인씽킹 마인드셋의 본질은 대상의 내면을 어떻게 충분히 공감하고 반복해서 확인할 것인가이다. 문제 정의, 콘셉트개발, 프로토타이핑과 테스트 모두 이 공감과 확인이라는 본질적 목적을 위해 어떠한 방법이든 과정을 유연하게 하거나 도구를 다양하게 할 수 있다. 그 과정 자체를 즐길 수 있어야 충분한 실험이 가능하다.

케냐 원주민들에게 좀 더 안전하고 편리한 조리기구 스토브를 제공하기 위해 스톡홀름 환경처가 주관한 프로젝트 사례는 흥미롭다.

그들은 주로 돌 세 개로 이루어진 개방형 화덕에 나무로 불을 지펴 조리해 왔다. 주거공간과 하나로 연결된 주방에서 이 화덕을 사용하였으므로 이 과정에서 발생하는 유해한 연기로 인한 호흡기 질환이 5세 미만 어린이들의 사망원인 1위였다. 기존에 이미 간편한 스토브가 새롭게 시장에 제공되었으나 지속적으로 확산되지 않는 원인을 확인하고 대안을 찾기 위한 목적으로 리서치가 진행되었다. 기존의 열린 아궁이 방식에 비해 훨씬 안전하고 편리한 스토브였지만 일정 기간 판매가 잘 이루어지다 어느 단계 이후에는 더 이상 사용자들의 수가 증가하지 않았다.

연구개발팀은 원주민들을 이해하고 원인을 확인하기 위해 새로운 패러다임으로 접근하였다. 일부 원주민들 사이에 행태변화가 일어나지 않은 이유를 발견하기 위해 그들이 오랫동안 사용해 오던 조리방식과 문화적 배경들을 조사하였다. 수십 번의 인터뷰를 통해 시장에 나와 있는 스토브를 시작으로 이야기를 끌어내고 제안들을 모아 해결의 실마리를 찾을 수 있었다. 연구를 위해 인터뷰했던 한 참여 디자이너는 다양한 시각적 자료들을 활용하여 셀 수 없을 만큼 그 과정을 반복하였다고 회상하였다. 특히 여성의 하루 일과를 관찰하면서 스토브를 받아 어떻게 사용정보를 얻는지, 문제가 생길 때는 어떻게 하는지 등을 확인할 수 있었다. 이러한 과정을 통해 더 깊이 이해관계 자들의 입장을 이해하게 되었고 시중의 스토브 사용을 망설이 게 하는 다양한 단서들을 얻을 수 있었다. 케냐 여기저기에 흩 어져 있는 저소득 가정에게 스토브 연료는 경제적 부담을 주었 다. 그리고 스토브의 질, 기능 외에도 사용자나 스토브 생산업 체의 재정적 문제도 발견되었다.

이 사례에서는 단순히 제공자 입장에서 제시된 대안의 한계를 볼 수 있었다. 또 문제 해결을 위해 설문형태의 양적 조사방법 만을 적용하였다면 왜 주민들이 새로운 스토브를 사용하지 않 는지 그 주요한 원인을 정확하게 발견하지 못하였을 것이고, 어 떻게 하면 더 사용을 격려할 수 있는지 관계자들의 실질적인 제 안을 얻기도 어려웠을 수 있다. 또한 좋은 취지라 하더라도 충 분한 공감을 기반으로 개발되지 않은 제품은 기대하는 만큼의 유익을 제공하지 못하게 된다는 사실도 잘 보여주는 사례이기 도 하다.

알고도 모르는 비밀 2:
사전 리서치가 허술하다

기억해야 할 원리:

공동작업

리서치에 근거한

주변 배경에 대한 이해

지질 연구팀이 동굴탐사를 앞두고 어떤 준비를 하는지 살펴보자. 동굴에 직접 들어가서 살펴보기 전에는 누구도 내부 구조와 성격을 분명하게 알 수는 없다. 그래서 동굴 밖의 지질, 주변의 지형과 기후까지 외부적 요소들을 먼저 조사한 후에 그 내용을 근거로 내부탐사를 위해 필요한 것을 준비한다고 한다. 그래서 동굴탐험 시작 전에 교육과 훈련뿐 아니라 헬멧, 랜턴, 구급약품은 물론이고 비상식까지 준비해야 한다.

디자인씽킹 적용 분야는 매우 다양해서 사회의 문제 해결, 일상의 편의 개선 그리고 비즈니스 혁신을 위한 것도 있다. 디자인씽킹의 특성상 프로젝트는 디자이너들 혹은 해당 기업 내부 조직원들만으로 진행되지 않는다. 비즈니스와 관련된 것은 소비자나 고객들이 참여하는 코크리에이션 과정이 포함된다. 공공이나 사회서비스 분야 역시 지역주민이나 관련된 기관관계자들도 함께 참여하게 된다. 따라서 그 프로젝트를 주관하거나 이끌어 가는 팀이 있다. 이때 관리를 담당한 팀이 다양한 참여자들을 프로세스에 참여하도록 초대하는 것은 적지 않은 노력을 요한다. 게다가 이미 참여한 사람들이 열의를 갖고 끝까지 참여하도록 동기부여 하는 일도 관리자에게 적지 않은 인내와 창의력을 요구한다.

사전준비와 기획

디자인씽킹의 현장에 참여하면서 가장 놀랍게 발견하는 것 중 하나는 프로젝트를 이끄는 팀이 충분한 사전준비 없이 코크리에이션 과정을 시작하는 것이다. 국내 현실은 아직 디자인씽킹의 확산 초기이므로 경험이 많지 않은 관리팀이 디자인씽킹의 방식에 너무 많은 기대를 걸기 때문이기도 하다. 기업은 항상 시장의 변화와 경쟁 제품의 움직임을 자세히 분석한다. 따라서 신상품 개발을 위한 코크리에이션 과정 이전에 관리를 담당한 팀은 관련 산업 분야의 사전지식과 고객그룹에 대한 내부 자료들을 바탕으로 고객 참여과정을 기획하게 된다. 그러나 사회문제를 다루기 위해 시민들 중심으로 팀을 구성하게 될 때는 결과물을 끝까지 완성하고 유지할 주체가 확실하지 않아 더 혼란스럽다. 그래서 관리와 진행의 역할을 담당하기 위해 파견된 요원즉, 퍼실리테이터들이 문제 영역에 대한 지식이나 사전준비가 초대된 참여자들과 큰 차이가 없는 경우를 종종 보게 된다.

디자인씽킹의 효과를 제대로 얻기 위해서는 매 단계 리서치와 분석이 함께 이루어져야 한다. 단순히 워크숍을 진행하는 것으로 끝나는 것이 아니라 실지로 문제가 해결되도록 해야 하기 때문이다. 관리팀이나 퍼실리테이터의 사전 리서치는 중요한 첫걸음이다. 때로는 프로젝트 주제 관련 키워드의 분명한 의미를 이해하는 것이 필요할 때도 있다. 그렇지 않으면 안 그래도 다양한 참여자들로 어수선한 상황에서 초반에 서로 다른 이해 차이로 갈피를 잡기 어렵다. 모두 함께 처음부터 안갯길을 걸어가는 상황과 같다. 때로는 관리팀이 무엇을 다루어야 할지 명확하지 않아 외부의 사람들에게 끌려다니기도 한다.

디자인씽킹 과정은 보통 그 결과의 방향을 가늠하기 어렵고 예상치 못한 변수가 항상 등장하게 된다. 게다가 프로젝트는 일정한 시간의 제한 속에서 진행된다. 초반에 너무 우왕좌왕하게 되면 제대로 공감하고 확인하지 못한 채 마감기한이 가까워져 서둘러 과정을 끝내게 된다. 따라서 관리팀과 퍼실리테이터는 사람들이 모여 효율적으로 시간을 쓸 수 있도록 최대한 사전조사를 하고 과정을 기획하고 준비해야 한다.

사전 리서치 없이 코크리에이션을 시작하지 않는다.

사전 리서치 내용

디자인씽킹 과정에서 이루어지는 리서치는 디자인 리서치라는 이름으로 불린다. 일반적인 리서치와는 그 깊이와 방식에 있어 차이점이 있기 때문이다. 이 디자인 리서치는 디자인씽킹을 적용한 문제 해결과정의 매 단계에서 최선의 결정을 할 수 있도록 한다. 또한 프로젝트 전체과정에 걸쳐 여러 차례 진행되어 그 범위가 넓고 다양하다.

리서치는 목적에 따라 크게 세 가지로 나눌 수 있다. 먼저 팀이 공개적으로 프로젝트를 진행하기 이전의 사전 리서치, 그리고 문제를 정의하기 전후에 진행하는 에스노그라피 Ethnography 즉 민족지학적 조사 Ethnographic research 방식과 같은 해당 관계자들을 직접 인터뷰하거나 경험 혹은 관찰하는 직접 조사 Primary research 가 있다. 마지막으로 프로토타이핑 과정에 진행되는 경험평가나 사용성 리서치 등의 과정으로 구분할 수 있다.

이 중 프로젝트 배경을 위한 사전 리서치는 데스크 리서치, 간접 조사 Secondary research 등으로도 불린다. 또는 2차 데이터라고도 하며 통계나 보고서, 논문과 같이 이미 다른 사람에 의해 조사되고 공개된 데이터를 말한다. 관리팀이 이러한 사전조사를 바탕으로 팀원들과 '프로젝트 개요'를 공유하는 것은 함께하는 코크리에이션의 과정을 좀 더 효율적이고 원만하게 진행하는 데 도움이 될 수 있다. 따라서 디자인씽킹 과정의 시작을 위해 반드시 더 주의 깊게 인식되어야 할 것이 사전 리서치이다. 제품이나 서비스 기획과정에서 사전 리서치는 다음과 같은 내용을 포함할 수 있다.

- 관련 산업동향
- 관련 분야 트렌드
- 조직의 핵심역량 및 활동 시스템
- 고객그룹 특징을 포함한 내부 데이터
- 기존 비즈니스 모델
- 기존 제품 및 서비스에 대한 고객리뷰
- 유사 제품이나 서비스의 강점과 약점
- 경쟁사 전략

산업 영역에서는 기업으로부터 연간 리포트나 내부의 데이터를 전달받을 수 있다. 이럴 때는 너무 오래전 데이터가 아닌

지 확인해야 한다. 조직 내 구성원들과 팀 활동으로써 조직목
표나 비전, 핵심역량과 핵심 활동 등의 정보를 얻을 수도 있다.
산업과 트렌드, 유사 제품에 관해서는 신문이나 잡지를 포함해
서 SNS도 좋은 데스크 리서치 자원이 된다. 관련 분야의 블로
그, 온라인 카페, 콘퍼런스 강연 동영상도 좋은 정보채널이다.
브랜드에 대한 고객들의 리뷰나 일상에서 일어나는 개인적인
내용부터 정말 상상하는 거의 모든 것은 온라인에서 찾아볼 수
있을 만큼 공개되어, 다양한 정보들을 얻을 수 있다.

공공서비스나 지역의 문제를 다루는 리빙랩 프로젝트라면 지
역 홈페이지를 통한 조사가 쉬운 출발이 된다. 또한 자발적으
로 참여한 시민이나 지역주민들과 함께 다음의 내용에 대해 미
리 조사가 이루어진다면 좋은 사전조사가 될 수 있다.

● 지역의 인구분포도
● 지역 구성인구의 특징
● 지역의 환경적 특징과 보유 자원
● 타 지역의 유사 사례
● 이슈와 관련된 지역매체 기사

● 이슈와 관련된 지역 기관

산업 영역이나 지역의 문제 해결에 있어서 위와 같은 내용을 중
심으로 사전조사가 이루어지면 코크리에이션을 위한 팀 활동
기획을 좀 더 효율적으로 진행할 수 있다. 목적에 따른 코크리
에이션 참여자, 소통방법, 소통채널, 촉진을 위한 도구 등의 기
술적인 부분 외에 무엇을 위해 모여야 하는지 명확한 방향성을
파악할 수 있다. 조직의 프로젝트 관련하여 특별히 팀 관리와
진행이 어려웠던 경험이 있다면 이러한 사전 리서치를 충실히
진행한 후 팀의 활동을 기획하고 이끌어 보길 권한다. 이로써
'리서치에 근거한' '주변 배경에 대한 이해'라는 디자인씽킹의
원리에 근거하여 다음 단계 활동을 원활하게 시작할 수 있다.

알고도 모르는 비밀 3:
트렌드 속에는 있다

기억해야 할 원리:

인간 중심

리서치에 근거한

주변 배경에 대한 이해

누구나 어떤 문제 해결을 위해 디자이너와 같은 사고를 할 수 있다. 디자인씽킹의 발견된 공통 원리 중 하나처럼 모두가 창조적이라는 믿음을 스스로에게 혹은 다른 사람들에게 가져도 된다. 다만 한 가지 조건은 세상 그리고 그 안에 살고 있는 사람을 잘 이해하는 방법을 배워야 한다는 것이다. 오랫동안 기업은 '고객이 왕'이라고 외쳐왔지만 지금은 정말 소비자가 절대적인 우위에 놓여 있다. 같은 업종의 제품 경쟁과 서비스들의 홍수 속에서 선택의 주권은 소비자에게 모두 가 있기 때문이다. 소비자들의 솔직한 평가가 공개되는 플랫폼들로 인해 이

권리는 소비자들에게 더욱 집중되었다. 따라서 초경쟁 시대인 오늘날은 소비자들이 원하는 더 나은 가치를 제공하기 위해 매우 면밀히 소비자들의 변화를 주시하고 예측하는 것이 더욱 중요해졌다. 이런 이유로 소비자들이 움직이는 방향을 보여주는 빅데이터는 혁신을 원하는 사람들이 주목하는 분야이다. 그러나 이는 데이터 수집이 가능한 플랫폼을 갖고 있는 기업이나 기관만이 가능하다. 또 빅데이터를 확보했다고 하여도 그 데이터의 의미를 해석할 수 있는 능력이 더 중요하다. 소비자 스스로도 알지 못하거나 표현하지 못하는 내면의 영역이 있으므로 디자인씽커들은 그것을 이해해야 하기 때문이다.

신상품 기획자나 뛰어난 디자이너들은 항상 다양한 방법으로 소비자들의 이러한 내면적 욕구를 파악하기 위한 단서를 찾으려고 노력한다. 디자인씽킹의 문제 해결과정에서는 프로젝트와 관련해 깊이 있는 리서치가 반드시 동반되어야 한다. 이럴 때 평상시에 소비자들을 이해하고 사회 전체 움직임의 변화를 알고 있다면 주제와 관련된 디자인 리서치와 더불어 좀 더 쉽게 통찰력을 얻을 수 있다. 신상품 기획이나 사회적 문제 해결은 디자인씽킹이라는 과정을 통해 푸는 스무고개 수수께끼와 같다고 앞서 이야기하였다. 트렌드 분석은 인간 중심의 원리로 해답을 찾는 수수께끼 해결의 첫 단계라 할 수 있다.

트렌드의 사전적 의미는 일정 기간 지속되며 사회 전반에 나타나는 경향, 변화나 추세이다. 이미 얼마간의 사회적인 토대가 마련되어 있어 보통 4~5년 길게는 10여 년에 걸쳐 드러난다. 트렌드는 산업의 발전과 기술 그리고 사람들의 생활이 서로 영

메가트렌드 Mega Trend
보통 수십년간 지속되는
글로벌 규모의 장기간
드러나는 큰 흐름, 거대한 변화

트렌드 Trend
일정기간 지속되는
사회전반에 나타나는 경향,
보통 2~3년의 변화나 추세

유행 Fad
한 계절 혹은 1년 미만
지속되는 추세나 경향

유행, 트렌드, 메가트렌드의 의미와 규모

향을 주면서 형성된다. 트렌드와 함께 쓰이는 단어 중 하나는 '유행'이다. 이는 비교적 짧은 기간을 지속하는 패드 Fad 'For A Day'의 약자로써 한 세기까지도 지속되는 메가트렌드 개념과 비교된다. 유행은 보통 한 계절 혹은 1년 미만의 변화로써 주로 패션의 변화를 이야기할 때 많이 사용된다. 메가트렌드는 트렌드보다 보통 수십 년에 걸쳐 반드시 글로벌 차원의 변화를 보여주게 된다.

직접 진행하는 트렌드 분석은 자신만의 통찰력을 갖게 한다.

21세기 들어 트렌드는 그 주기가 더 빨라졌다. 최근 국내 트렌드 발표를 보면 유행이라고 할만한 변화를 포함하기도 한다. 기술의 발전과 더불어 시장도 빠르게 변화하고 있어 트렌드의 변화속도가 더불어 상승해 가기 때문이다.

국내에는 정보를 얻을 트렌드 전문기관들이 많다. 트렌드 분석이 여러모로 도움이 된다고 하면 정기적으로 발표하는 트렌드 전문기관들의 보고서를 참고할 수도 있다. 그러나 주기적으로 직접 트렌드 분석을 한다면 전문기관들의 발표된 트렌드를 통해 얻는 정보와는 비교할 수 없는 자신만의 판단력을 갖게 한다. 이 능력은 누구도 가져가지 못하는 자신만의 내공과 경쟁력이 된다. 처음에는 막연하게 느낄 수도 있겠지만 정보를 수집하면서 그리고 분석을 진행하면서 점차 드러나는 경향을 파악하게 되는 경험을 하게 된다. 무엇보다 정기적인 트렌드 분석을 진행한다면 새로운 트렌드의 변화를 더 쉽게 발견할 수 있다. 눈에 들어오는 정보들을 대하는 시각이 달라지기 때문이다. 그래서 평소 트렌드 분석과정을 직접 진행하는 것이 바람직하다. 이렇게 하여 디자인씽킹을 잠시 맛보는 것이 아닌 세상과 사람을 이해하는 방법을 아는 디자이너적 사고와 능력을 키워갈 수 있게 되는 것이다.

가장 먼저 인구통계 데이터와 함께 오래 지속된 메가트렌드의 특징을 발견할 수 있다. 그 안에서 사람들의 생활 속 변화와 개인적 정서, 특히 세대별 특징과 중요하게 여기는 가치와 니즈들의 변화를 확인할 수 있다. 또한 현재 시장의 흐름뿐 아니라 새로운 기술, 규제 등 혁신적인 콘셉트 결정에 주요한 기준을 얻을 수 있다. 지금까지의 이야기를 종합하면 디자이너 혹은 디자인씽커로써 스스로 트렌드 분석을 할 때 아래와 같은 유익을 얻을 수 있다.

● 사람들의 내면적 변화를 이해할 수 있게 한다.
● 문제 해결을 위한 더 많은 통찰력을 갖게 한다.
● 다양한 대안의 발상을 돕는다.
● 콘셉트 결정에 근거 있는 판단을 할 수 있다.
● 새로운 트렌드의 변화를 빠르게 읽을 수 있다.

- 빅데이터의 해석 능력을 갖게 한다.
- 미래의 변화를 예측할 수 있다.

이제 여기에 개인적으로 트렌드를 분석할 수 있는 비교적 간단한 방법을 제안하려고 한다. 개인이나 소규모 그룹이 진행할 만한 방법으로 그 과정이나 수집 정보의 양은 제한적일 수밖에 없다. 빅데이터의 시대에 맞지 않고 전문적 트렌드 분석으로 보이지 않을 수도 있다. 또한 미래의 트렌드 예측이라고 하기에는 너무 현재의 변화 중심일 수도 있다. 그러나 직접 사회 전반의 트렌드 분석을 시도해 보는 것으로 훨씬 더 폭넓은 시야를 확보하게 된다는 것을 기억하기 바란다.

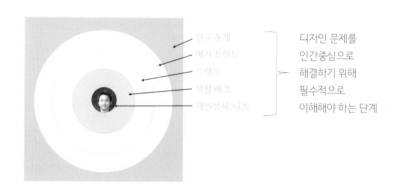

디자인씽킹을 위한 리서치 분야

1. 자료수집 범위, 기간,
   매체 등의 기획서 완성

2. 영역별로 다양한 매체의
   Top-ranked된 2차 데이터 수집

3. 수집 데이터를 동기,행태,
   원인, 현상 별로 분석

6. 1, 2차 데이터를 관련성에
   따라 주제별로 재분류

5. 분석된 2차 데이터 확인과
   1차 데이터 수집을 위한
   Town-Watching

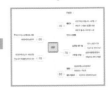

4. 2차 데이터의 분석에 따라
   주제별로 분류

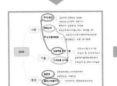

7. 주제별 데이터 의미와
   연계성 분석

8. 분석된 내용에 따라
   키워드 별로 3차 분류

9. 최종 트렌드로 선정하여
   내용을 반영한 네이밍

트렌드 리서치 프로세스

프레임웍과 인구통계적 데이터

트렌드 리서치를 시작하기 전에 간단한 계획서를 작성하는 것도 좋다. 팀을 구성하여 공동으로 조사한다면 함께 전체적 틀을 공유하는 것이 도움이 되기 때문이다. 기한과 목적, 데이터 수집 영역, 관찰을 위한 지역선정과 관찰시기, 지역별 담당자 등으로 구성된 프레임웍을 작성한다.

수집의 영역은 크게 두 가지로 나눌 수 있다. 인구통계적 데이터와 더불어 보통 STEEP라고 하는 사회 Social , 기술 Technology , 경제 Economy , 환경 Environment , 정치 Politics 관련 데이터가 포함된다. 이러한 프레임웍의 계획된 내용에 따라 먼저 여러 매체를 통해 다양한 2차 데이터를 수집한다.

사회의 변화와 비즈니스 시장을 내다보는 데 인구만큼 분명한 지표로 꼽히는 것은 없다.[14] 인구는 출생, 이동, 그리고 죽음으로 이어지는 사회 구성원이다. 생산과 소비의 규모를 결정하는 것이 인구이므로 재화, 노동, 부동산, 금융 등 모든 시장을 결정하고 움직이는 핵심이다. 따라서 인구통계적 변화는 사업의 중장기 전략뿐 아니라 나라의 정책을 세울 때도 중요한 기준이 된다.

인구통계적 정보는 전형적인 세컨더리 데이터, 즉 2차 데이터이다. 대부분 공공기관이나 전문 리서치기관에서 정기적으로 진행하는 조사결과가 많다. 처음에는 세세한 수치보다 최근 드러나는 특징적 변화에 대해 이해하는 것이 다음 단계를 위해 도움이 된다. 가장 쉬운 방법으로는 21세기의 인구통계적 변화를 검색하여 관련된 보고서나 기사를 참고할 수 있다. 각 영역별로 좀 더 자세한 인구통계 수치 변화는 통계청의 정기보고서가 기본이 될 수 있다. 그 외에 경제정보센터, 서울연구데이터서비스, 산업연구원 등의 보고서에서는 소비와 산업 관련 정보를 얻을 수 있다.

- 인구통계분야

  - 연령
  - 성별
  - 인종 비율
  - 출산율 및 사망률
  - 교육수준
  - 소득수준
  - 평균 가족구성원 수

- 21세기 초반 국내인구통계적 주요 변화

  - 출산율 저하
  - 사망률 저하
  - 고령인구 증가
  - 도시화와 수도권 팽창
  - 외국인 배우자 증가
  - 1인 가구 증가

국내 인구통계 주요 영역과 21세기 변화[15]

세컨더리 데이터 수집

트렌드 분석을 위한 데이터 수집에 있어서 가장 어려워하는 부분은 넘쳐나는 데이터 중에서 어떤 것을 수집해야 하는가이다. 인구통계 정보를 제외하고 전체적으로 소비행태를 중심으로 수집한다고 생각하면 좀 더 방향을 잡기 쉽다. 사회, 기술, 경제, 환경, 정치 영역의 기사 섹션을 참고로 가장 최신 그리고 가능한 빈도수가 높은 데이터들을 수집한다. 그러나 이 다섯 개 영역으로만 나누어야 하는 것은 아니며 더 세분화하여 수집할 수도 있다.

일반적으로 소비패턴과 가장 긴밀한 사회 영역은 문화나 의식주의 라이프스타일과 관련되어 정보의 양이나 범위가 넓다. 기술의 경우는 새로운 해외 제품들을 통해 최신 기술 정보를 얻기 쉽다. 소비자들의 소비 지수나 각 산업별 동향 등은 경제 영역에서 주목해볼 만한 데이터들이다. 정치 영역에서는 정치적 공방이나 정치가들의 활동이 아닌 금융이나 부동산 등과 관련된 새로운 정책이나 산업과 관련된 규제 등을 수집하는 것이 도움이 된다. 환경 분야는 최근 각 영역에서 늘 이슈가 되고 있어 환경적 변화나 관련된 정책 그리고 재활용 기술과 사업 등 관련한 내용들을 다양하게 수집할 수 있다.

2차 데이터의 수집채널은 매우 다양해서 신문, 잡지, 블로그 등의 기사, 베스트셀러, 보고서 등이 포함된다. 데이터 수집 분량은 많을수록 좋다. 혼자라면 모을 수 있는 양이 제한적이므로 가능하다면 팀을 구성해서 각자 일정량을 모으고 분석하여 함께 분류한다면 좀 더 효과적이다.

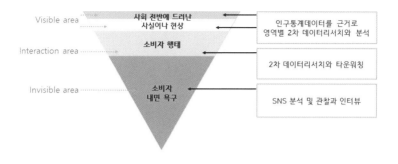

트렌드 리서치 영역과 리서치 방식 예시

데이터 분석과 1차 분류

이제 인구통계적 변화나 메가트렌드와 같이 일정 기간 겉으로 드러난 영역, 현재 사회 변화와 맞물려 함께 움직이는 소비자의 행태들, 그리고 그 안에 감춰진 소비자의 욕구들을 찬찬히 분석해 들어간다. 분석과정은 최종 트렌드로 정리되기까지 여러 단계의 분석과 분류과정을 거칠 수 있다.

첫 번째 분석과 분류 단계에서는 수집된 영역별 정보들의 내용을 분석하여 공통적인 주제로 나눈다. 처음에 STEEP 영역으로 구분하여 데이터를 모았다면 다시 내용의 주제 중심으로 나누어 보는 것이다. 이럴 때 먼저 모든 수집한 데이터의 내용을 한

줄 요약이나 함축한 타이틀로 만드는 것이 좋다. 그렇지 않으면 한눈에 보이도록 분류작업을 진행하기 어렵다. 사실 이 데이터들의 내용을 보면서 분석하는 과정이 사회 변화를 가까이서 들여다보고 이해할 수 있는 좋은 기회이다. 그래서 트렌드 분석과정에서 가장 중요한 부분이라고도 할 수 있다. 무엇보다 사회현상 이면의 소비심리와 가치관의 변화 등을 잘 알 수 있기 때문이다.

분석 요령은 각자 수집한 데이터 내용을 사람들의 내면적 동기와 행태, 기타 사회적 원인과 거기서 비롯된 현상 등으로 구분해 보는 것이다. 대부분의 기사나 보고서 등에는 현상의 원인과 사람들의 행태, 동기 등을 포함하고 있다. 이러한 분석을 통해 왜 사람들이 그렇게 행동하는지, 사회적인 변화의 원인이 무엇이었는지를 발견하게 되어 여기서 분석가의 통찰력과 사람들에 대한 이해력이 성장한다.

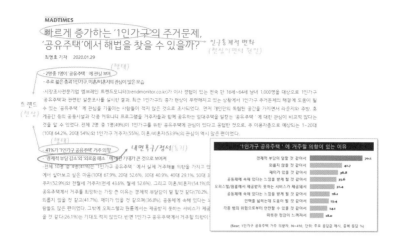

각 요소별 2차 데이터 분석 사례[16]

분석을 통해 정리된 각 데이터의 한 줄 요약문들을 경제, 정책, 기술, 대중문화, 생활, 마케팅, 산업, 제품, 서비스 등 주제별로 분류한다. 이때 마인드맵 형식의 분류기능이 가능한 프로그램을 사용하면 좀 더 수월하다. 분류는 한 번에 쉽게 진행되지 않을 수 있다. 그러나 나타난 현상과 그 이면의 이유와 원인 등을 분석하면서 팀원들과 함께 트렌드의 윤곽을 감지하는 과정은 매우 유익하고 흥미롭다.

프라이머리 데이터 수집

트렌드는 눈에 보이는 현상뿐 아니라 각 민족적 특성이나 인간 본성과 같이 표현하기 힘들거나 인식하기 어려운 배경을 포함하고 있다. 그렇기 때문에 기존의 여론조사나 소비자 성향을 분석하는 방법으로는 한계가 있다고 할 수 있다.

따라서 객관적인 사실과 더불어 분석자의 주관적 관찰이 통합될 필요가 있다. '일상생활 속에서 사람들이 무엇에 관심을 두는지, 어떻게 행동을 하는지 관찰하는 방식도 함께해야 한다. 변화를 감지하고 변화 속에서 기회를 찾아내는 것, 또는 새로운 기획을 위한 아이디어를 찾아가는 과정'을 말하는 '트렌드 와칭 Trend Watching[17] '을 병행하는 것이 필수이다. 앞서 수집된 데이터 외에 관련 지역을 중심으로 이루어진 관찰과 인터뷰 등의 프라이머리 데이터를 추가하는 것이다. 이 과정은 분석한 세컨더리 데이터의 내용을 직접 확인할 수 있으며 개인적으로 좀 더 세부적인 정보들을 얻을 수 있다.

타운 워칭 Town Watching 혹은 타운 스폿팅 Town Spotting 이라고도 하는 이 과정은 사진 찍기, 기록하기, 그리고 소비자들의 직접적인 의견을 들을 수 있는 인터뷰 등이 포함된다. 장소는 가장 밀집도가 높은 번화가를 중심으로 몇 군데를 정하여 사람들이 몰리는 시간대에 관찰한다. 거리에 자주 새롭게 눈에 띄는 상점의 종류, 신상품, 사람들이 흥미를 갖는 문화 활동이나 많이 모이는 지점 등을 중심으로 사진 촬영한다. 또한 매장의 직원이나 소비자 등을 직접 인터뷰하여 관련 정보를 수집한다. 이 또한 처음 분석할 때는 예전에 비해 어떤 것이 새로운 것인지 잘 확인하기 어려울 수 있다. 그러나 현재 드러나는 일정한 경향은 파악할 수 있다.

또 다른 프라이머리 데이터로 SNS상의 내용들을 포함할 수 있다. 개인적이고 소소한 일상에 대한 기록, 일정한 대상에 대한 자유로운 의견, 또 어떤 주제에 대한 집중되는 관심 등을 온라인상에서 확인할 수 있다. 원하는 질문에 대한 답을 들을 수 있는 인터뷰와는 다르지만 이 또한 내면의 감정과 동기 등 심리적 배경들을 파악할 수 있는 좋은 데이터 수집채널이다.

분석과 재분류

이 단계에서는 1, 2차 데이터들을 연결하며 소비자 행동패턴과 특징을 분석하고 내용에 따라 분류한다. 이 2차 분류에서는 관찰의 내용들을 추가하고 소비패턴의 원인과 현상을 분석하여 필요시 3차 분류한다. 예를 들어 사회 영역이라면 보통 생활 잡지의 섹션처럼 문화, 리빙, 건강 등으로 나눌 수 있다. 각각의 주제별 데이터들은 다시 재분석되면서 앞서 정한 키워드들을 수정하거나 새로운 정보에 맞도록 추가한다. 비건, 싱글족 활동과 같이 시대별로 등장한 공통되는 사회현상들로 세분화할 수 있다. 키워드는 나타난 현상의 각 내용을 요약하여 대표할 수 있어야 한다. 이때 현상과 원인분석에서 드러나는 소비자들의 분노, 재미, 외로움, 자부심과 같은 부정적 그리고 긍정적 감정들도 데이터 요약 줄에 포함해 두면 도움이 된다. 이러한 감정적 가치들은 소비자들의 니즈와 욕구들을 이해할 수 있는 중요한 요소이기 때문이다.

트렌드 선정 및 네이밍

마지막으로 사회에 드러난 새롭고 중요한 변화라고 판단되는 내용들 중에서 팀원들 간에 '높은 분석 빈도수 혹은 주요도'에 따라 트렌드를 정한다. 정해진 트렌드는 내용을 참고하여, 대표할 수 있는 함축된 용어로 트렌드 네이밍을 한다. 기존에 이미 등장한 유행어를 그대로 쓰기보다 팀원들과 독특한 이름을 만들어 정하는 것도 재미있다. 내가 진행했던 2015년 트렌드 분석의[18] 네이밍을 예로 들면 대중적인 후원 활동이 늘어나는 현상을 의미하는 '퍼블릭 오블리주', 꾸준한 참여를 유도하기 위해 게임형식을 적용하는 현상을 나타내는 '재미있는 의미' 등이 있다. 이와 같이 팀원들이 함께 트렌드의 의미를 나타내는 기억하기 좋은 단어들의 조합을 만들어 본다.

책머리에서 이야기했던 대로 본 서적을 준비하면서 책의 제목을 줄인 '알모디씽'이라는 이름으로 트렌드 분석과 서비스디자인씽킹 전문가 과정을 개설하였다. 이어지는 그림은 프런티어 팀원들이 진행한 2021년 트렌드 분석결과이다. 트렌드 분석 전문가들이 아니고서야 장기적인 미래 트렌드까지 예측할 수 있는 것은 아니었지만 분석 이후 팀원들이 스스로 인지하는 변화는 적지 않았다. 대학에서 디자인을 전공하는 학생들이나 전문가 과정의 디자이너나 디자인씽커들 모두 현재시점의 사회 전반에 걸친 트렌드를 분석하고 네이밍하는 과정에서 각자 사회 변화현상과 원인들을 폭넓게 인식하고 각 세대에 대해 더 깊이 이해하게 되었다는 소감이다.

트렌드 리서치+네이밍
Trend Naming 2021

Trend Naming	Meaning
1. 연구대상	연결은 좋지만 구속은 싫어
2. T막내	보이는 것을 중시하고 티내는 MZ 세대
3. 노노잼	재미없는 것은 싫어
4. TMP	Too Much Plastic 플라스틱에 둘러쌓인 세상
5. 고인물	고객이 생산과 소비에 참여하는 인재(고객이 인물)
6. 페본	Fake 본 캐릭터(진짜같은 가짜)
7. 장똑대	장수에 똑똑하게 대비하자
8. Homstagramable	집꾸며서 사진올리기(홈스타일링 대세)
9. 99Dog	구매보다 구독, 사지말고 빌려써 세대
10. 공소시효	직무능력에도 공소시효가 있다. (공소:공감+소통의 의미도 있음)
11. 안물안궁	안물어보고 안궁금해(판매자, 소비자 접촉없음, 무인샵, 비대면 키오스크)
12. 해본	체험경제(Experience Economy), 경험을 소비하는 현상(체험 소비)

'알모디씽' 전문가과정 프런티어 팀의 2021 트렌드 분석

이처럼 트렌드는 중장기적으로 드러난 현상 속에서 소비자들의 심리와 욕구를 이해할 수 있는 중요한 단서를 제공한다. 따라서 새로운 제품이나 서비스를 개발할 때 좀 더 근거를 제시할 수 있도록 해준다. 개발과정의 일부에만 참여해 왔던 디자이너라면 지속적인 트렌드 분석을 통해 리서치와 기획 영역부터 주도적 역할을 감당할 수 있다. 트렌드 분석의 필요를 인식

하지 못했던 디자인씽커라면 소비자들에 대한 이해와 통찰력을 갖는 것으로 경쟁력을 강화시킬 수 있다. 단순히 모임 진행의 촉진자 역할을 해온 퍼실리테이터라면 트렌드 분석을 바탕으로 사회 전반적 흐름에 대한 이해를 통해 발상과 결정과정에서 참여자들의 활동을 좀 더 효과적으로 도와줄 수 있다.

알고도 모르는 비밀 4: 조금 더 깊이 판다

기억해야 할 원리:

인간 중심

리서치에 근거한

주변 배경에 대한 이해

탐험가가 동굴을 탐험하기 위해 동굴 밖에서만 안을 들여다본 다면 얼마나 그 동굴을 정확히 파악할 수 있을까? 심지어 걸어 들어갈 수 있을 만큼만 탐험하여도 들어가 보지 않은 동굴의 끝이 어떻게 생겼는지는 알 수 없을 것이다.

디자이너나 마케팅전문가들의 관심과 연구에도 불구하고 소비 자의식은 빙산의 일각 정도의 비율만 겉으로 드러난다고 한다. 어떤 산업이나 각종 서비스 분야에서는 항상 소비자들의 생각 을 알고 싶어 한다. 그렇다면 단순히 리서치나 마케팅 리서치와 구분하여 부르는 디자인 리서치는 무엇일까? 디자인 리서치란 문제의 중심에 있는 인간에 대한 이해과정이다. 제품이나 서비스를 어떻게 사용하고 경험하는지뿐만 아니라 우리의 연구 대상이 어떤 삶의 고민과 문제를 직면하고 있는지 또는 그들의 삶에서의 열망은 무엇인지까지도 공감하려는 것이다. 무엇보다 고객이나 소비자로 보기 이전에 한 사람으로서의 삶을 미처 언어로는 표현되지 못한 영역들까지 이해하고자 하는 것이다. 즉 암묵적 니즈와 명시적 니즈를 모두 이해하기 위해 지금까지와는 다른 방법들을 적용한다. 이것은 결국 최종 결과물과 디자인의 여러 요소들을 바르게 결정하기 위한 이유들을 찾는 과정이다. 따라서 디자인씽킹의 결과물에 대한 성공 여부는 진실이 무엇인지를 얼마나 잘 파악하느냐에 달려 있다.

결국 디자인씽킹의 효과는 디자인 리서치가 충분히 되었을 때 기대할 수 있다.

그렇다면 지금까지의 낮은 시장 적중률은 진실을 제대로 파악하지 못했기 때문이라고 할 수 있다. 그래서 디자인씽킹은 증거를 충분히 확보하여 최대한 진실에 더 가깝게 접근하고자 한다. 제품이나 서비스를 사용하고 경험할 대상인 인간 중심의 개념을 가장 중요하게 여기는 것이 디자인씽킹의 원리이므로 사람에 대한 보이지 않는 진심까지 잘 들여다보아야 한다.

처음부터 핵심으로 들어갈 수 없으므로 자연히 가장 바깥에 있는 영역에서부터 시작한다. 마치 형사가 범인을 찾기 위해 범죄의 원인과 증거들을 찾는 것과 같다. 아직 확실하지 않은 상태에서 심증만 있을 뿐 분명한 증거들이 없는 것들을 충분히 찾아 방향성을 가져야 한다. 증거는 개인적인 확신뿐 아니라 객관적인 흐름이 논리적으로 맞을 때까지 찾아야 억울한 사람을 범인으로 처벌하는 끔찍한 오류를 막을 수 있다. 그래서 이 시대에는 진실에 대한 탐구를 진지하게 진행할 마음가짐이 가장 중심에 있어야 한다. 왜냐하면 방법을 적용하되 진지하고 깊이 있게 실행하지 않는다면 지금까지의 실패율을 줄일 수 없기 때문이다. 그래서 경영, 공학, 행정, 공공, 사회복지 등 각계 분야에서 그 성공 확률을 더 높일 방법으로 디자인씽킹에 주목하고 있는 것이다.

제대로 리서치

전문 디자인팀이라면 앞 장에서 강조했던 트렌드 변화를 잘 감지하고 있을 수 있다. 자연히 사람들의 내면에 대한 변화와 전반적인 흐름에 대한 지식을 갖고 있을 수도 있다. 그러나 특정 상황에 대한 배경 이해와 콘셉트를 완성하는 데 있어서는 집중되는 조사와 분석이 필수적이다. 앞서 이야기했던 바와 같이 원주민들과 몇 개월 이상 함께 생활하며 관찰과 평상의 대화를 통해 알아가는 민족지학 연구자들의 정보수집방법이 가장 바람직하다고 할 수 있다. 그래서 평상시에 꾸준히 사람들에 대한 관심을 갖는 것이 중요하지만 프로젝트를 시작한 이후라면 주제와 관련된 내용을 중심으로 범위를 좁혀 각 단계를 축소하여 진행할 수도 있다.

프로젝트의 진행과정에 참여해 보면 코크리에이션 활동 시작 전의 배경 리서치뿐 아니라 실제 제품이나 서비스를 사용할 사용자 리서치조차 충분하지 않은 경우를 자주 볼 수 있다. 실제 프로젝트임에도 인터뷰와 관찰을 한두 사람으로 끝내기 때문에 그 데이터의 대표성을 신뢰하기 어려운 경우도 흔히 보게 된다. 혹은 사전 리서치와 준비 부족으로 적절한 질문을 찾아내지 못한 경우도 있다. 이럴 땐 형식에 따라 인터뷰 등을 진행하지만, 어느 것을 발견하려고 하는 것인지 모호해지기도 한다. 그런 결과 문제를 명확히 정의 내리지 못하게 된다.

그러나 무엇보다 디자인씽킹의 강점은 공급자가 아닌 사용자 혹은 수혜자가 어떤 배경에서 어떻게 사용하고 어떤 경험을 하는지를 잘 파악하고 공감하는 것이 핵심이다. 그 배경을 이해하는 데에는 소비자 이외의 이해관계자들에 대한 이해도 필수적이다. 따라서 다음과 같은 방법의 디자인 리서치가 효과적인 방법 중 하나일 수 있다.

- 기존에 공개된 수집 자료로 배경을 먼저 이해한다.
- 5명 내외의 1차 인터뷰와 현장에서 인사이트를 얻는다.
- 인터뷰 결과를 참고하여 20~30여 명의 설문을 진행한다.
- 설문결과를 토대로 주요한 이해관계자들을 대상으로 깊이 있는 인터뷰와 관찰을 통해 확인한다.

디자인 리서치의 핵심이 되는 주요 이해관계자에 대한 리서치는 정성적인 조사와 더불어 정량적 조사가 병행되는 것이 바람직하다. 이미 조사된 관련 통계를 참고할 수 있다. 그러나 실제 디자인 리서치를 진행하는 과정에서는 수백 명의 조사를 위해 부담 갖지 않아도 된다. 30여 명 내외의 수를 설문했을 때 어느 정도 앞서 갖게 된 인사이트를 확인하고 좀 더 세밀한 방향성을 얻을 수 있기 때문이다. 여기서 어떤 사람들이 주요 핵심 이해관계자가 되는지, 그들에게 어떤 부분을 좀 더 물어보고 필요에 따라 관찰해야 하는지 등을 판단할 수 있다. 이후 이것을 바탕으로 실지로 다수가 요구하는 내용이나 그것을 확인하기 위한 2차 인터뷰와 다양한 형태의 관찰을 진행하는 것이 문제를 정의하는 데 효과적이다.

인터뷰는 당연

디자인씽킹을 경험한 사람들에게 인터뷰는 당연한 것이 되어 있다. 이것은 깊이 있는 공감을 위한 디자인씽킹 방식의 주요 활동이라고도 생각한다. 인터뷰를 위한 소비자를 선정할 때는 일상에서와는 조금 다르게 접근해야 한다. 보통의 인간관계에서는 인내심과 배려심이 있는 인품 좋은 사람들을 만나 관계 맺기를 원한다. 그러나 인터뷰, 특히 소비자를 대상으로 할 때는 가능한 까다로운 소비자를 포함할 수 있다면 더 효과적이다. 물론 성품이 좋은 대상은 인터뷰 섭외나 원활한 진행을 위해 좋을 수 있다. 그러나 어떤 상황에서든 별로 불편감을 잘 느끼지 못하는 사람도 있다. 또는 어떤 이유에서든 감정을 정확히 표현하지 않는 사람도 있다. 신체적으로나 감정적으로 예민하여 특정 상황에서 자주 민감한 반응을 보이는 사람이라면 예상하지 못했던 욕구와 니즈를 들을 수도 있다. 따라서 비판적 의견을 잘 표출하는 소비자라면 더 직접적이고 남이 느끼지 않는 부분까지 지적할 수 있을 확률이 높다. 프로젝트에 따라 좀 다르기는 하지만 인터뷰 대상자는 트렌드세터 Trend Setter 라고 하는 유행을 앞서가는 사람, 신제품에 먼저 관심을 갖는 얼리어 답터 Early Adopter 를 섭외하는 것도 좋다. 항상 시장변화에 민감하며 제품 자체에 대해서도 누구보다 먼저 사용 소감을 말하고 타제품과 비교하는 등 예리하게 이야기해 줄 수 있기 때문이다. 요즘은 SNS를 통해 이러한 소비자를 쉽게 구별할 수 있다.

관찰은 필수

디자인 리서치에서는 주로 인터뷰를 많이 이야기하지만 관찰은 더 효과적이고 쉬운 공감의 방법이다. 그러므로 인터뷰 중에도 관찰의 중요함을 염두에 둔다. 준비해 간 질문을 참고해야 하지만 너무 정해진 질문에 대한 답을 수집하는 데에만 집중하지 않도록 한다. 항상 예상하지 않았던 새로운 불편함이나 요구를 표현할 수 있다는 것을 염두에 두고 여유롭게 대화를 이끌어 가야 한다. 또한 인터뷰 대상의 표정 등에서 의외의 새로운 단서를 얻기도 한다. 어떤 사람들은 자신의 생각을 표현하게 될 때까지 사전의 관계가 중요하거나 시간이 오래 걸리기도 한다. 따라서 그들을 이해하기 위해서는 말로 표현하지 않지만 행동과 태도를 통해 나타내는 의도를 파악하는 것이 필요하다.

인터뷰 대상자의 표정 속에서 의외의 단서를 발견한다.

나는 관찰에 대해 강의할 때마다 한 대학병원 건강검진센터의 환자를 대상으로 한 인터뷰를 늘 특별한 사례로 이야기한다. 인터뷰 도중 몇몇의 환자들이 질문에 답을 하면서 계속 불편한 표정을 지었다. 처음에는 그것을 주목하지 않았지만 여러 환자에게서 이와 같은 문제가 반복되자 인터뷰 팀원들은 그들에게 어디가 불편한지 묻게 되었다. 대답은 전혀 예상하지 못했던 의외의 부분에서 나왔다. 내시경을 마지막 순서로 마치고 나오는 환자들이 수면제에서 깨어나지 못하여 고통스럽고 힘들어한다는 것이었다. 결국 우리 팀이 예상했던 문제가 아닌 내시경 이후의 휴식이나 회복에 대한 문제가 더 많은 환자가 경험하는 불편사항이었다는 것을 확인하였다. 결과적으로 이것을 중심으로 새로운 아이디어를 모아 전체적인 콘셉트의 구조를 다시 구상하게 되었다. 따라서 정해진 질문에 대한 답을 듣는 과정에서도 인터뷰 대상자들이 표현하지 않는 부분이 있을 수 있다는 점을 기억해야 한다. 표정이나 머뭇거림, 주춤하는 태도 등도 유심히 살필 필요가 있다.

트렌드 분석의 타운 워칭이 습관화된다면 평상시에도 관찰의 기회는 많다. 일상 속에서의 움직임, 서비스를 이용하는 특정 시점의 고객 태도나 행동패턴, 표정이나 말투 등 인터뷰에서 얻지 못한 중요한 단서들을 더 풍성하게 얻을 수 있다. 인터뷰 없이 오랫동안 고객을 관찰하기만 해도 새로운 해결책과 창의적인 아이디어를 얻을 수 있음을 기억하자. 섭외의 어려움도 없고 편파적인 질문도 없다. 그저 선입견 없는 관찰만으로도 질문의 절반 이상 답을 얻을 수 있을 것이다.

경험은 기본

프로젝트를 진행하다 보면 팀원들은 당연히 인터뷰를 준비하고 필드 리서치를 진행한다. 평상시에 경험했지만 무심코 넘어갔을 제품이나 서비스일 수도 있다. 따라서 문제의식을 갖고 새롭게 경험해 보는 것이 기본으로 할 수 있는 방법이다. 그런데 한편 문제의식을 갖고 경험해 보는 것이 정확하지 않을 수도 있다는 것이 아이러니이다. 평상의 태도가 아니라 지나친 민감함으로 느끼려고 하기 때문에 객관성이 떨어지는 판단을 할 수도 있다. 그러나 인터뷰 이전에 그 장소에서 먼저 경험해 보는 것은 기본으로 해야 할 부분이다. 처음 가는 장소나 그동안 빠뜨렸던

부분까지 포함한 전체 서비스의 경험이라면 의미 있는 발견의 시간이 될 수 있다. 좀 더 효과적인 방법으로는 이 프로젝트의 사전의도를 알지 못하는 친분 있는 사람과 동행하여 관찰과 경험을 함께 해보는 것도 좋은 방법이다. 이런 경우는 경험 이후에 인터뷰도 진행하기 자연스럽다.

이 분야에서 활동하는 사람이라면 한 번쯤은 들어봤을 80대 노인변장으로 미국과 캐나다 116개 도시를 다녔던 패트리샤 무어[19]만큼은 아니어도, 우리의 경험으로부터 의미 있는 시작을 해볼 수 있다. 내가 얘기하고 싶은 것은 디자인씽킹이라면, 그래서 디자인 리서치라면 우리의 주요 키워드 중 하나인 공감을 위해 이런저런 방법을 섞어 드러나지 않은 것까지 좀 더 깊이 파보아야 한다는 것이다.

알고도 모르는 비밀 5:
습관적 추측은 버린다

강조하는 원리: 공동작업

인간 중심의

리서치에 근거한

비선형의 반복적 실험

과정 전반부의 디자인 리서치를 통해 이해관계자들과의 인터
뷰나 관찰 그리고 경험에서 얻은 중요한 정보들을 모았다면 이
제 이 정보들을 줄에 잘 꿰어야 한다. 중간중간 방향 설정의 중
요한 계기가 되는 몇 가지 단계에서 요점을 찾지 못하여 엉뚱
한 방향으로 흘러 시간을 낭비하거나 강력한 결론에 이르지 못
하기도 한다. 그 이유는 어렵게 얻은 리서치 결과들 중 핵심 정
보들을 한 줄에 꿰지 않거나 추측의 오류를 범하기 때문이다.
발견한 것들을 프로젝트 진행과정에서 제대로 반영하지 않는
경우를 종종 보게 되지만 가장 흔한 오류 중 하나는 퍼소나를

완성할 때이다. 또한 문제와 가치를 정의하는 단계이다. 이제 이 두 단계에서 주요 내용을 놓치거나 과도한 추측의 오류를 줄일 수 있는 방법을 살펴보자.

퍼소나의 습관적 추측

퍼소나는 대상 이해를 위한 분석도구로 항상 모든 사례에 적용할 필요는 없다. 그러나 팀원들이 문제와 관련한 대상을 함께 이해하기 위해 리서치 내용을 정리하기에 좋은 틀이 될 수 있다.

퍼소나는 사실에 근거한 가상의 인물을 창조하는 것이다. 소비자나 고객 인터뷰 그리고 관찰 이후 여러 명의 리서치 내용들 가운데서 대표적인 특징들을 정리해야 하는 어려움이 있다. 가상의 인물을 만드는 것이지만 반드시 프로젝트를 위해 진행한 리서치에 근거하여 만들어야 한다. 이를 통해 주관적인 관점에서 벗어나 사람마다 배경에 따른 습관, 경험, 태도, 필요 등이 다르다는 것을 이해하기 위해서이다. 방식은 사실에 근거한 새로운 인물 창조이다. 그래서 혼동되기도 한다. 잘못하면 리서치 내용보다 오히려 추측으로 만들어 낸 이야기로 채워질 수 있기 때문이다.

특히 혼자 작업하는 경우 자기만의 생각으로 사실과 거리가 먼 내용으로 완성할 수도 있다. 그래서 첫 번째로 시도해 볼 수 있는 안전한 방법은 인터뷰 대상자 중 극단적 경향이 큰 인물부터 있는 그대로 정리하는 것이다. 이렇게 몇 개의 페르소나로 정리하면서 여러 인터뷰 대상자 중 각 페르소나와 연결되는 공통적인 내용들을 합성하여 각각을 완성하는 것이 효과적인 방법 중 하나이다. 또 다른 방법은 일반적인 퍼소나 구성과 좀 다르게 직접적인 내용을 중심으로 정리하는 것이다. 단순한 질문에 대한 답을 찾아보는 방식이다. 즉 기존에 제품과 서비스를 출시한 경우 '이 고객은 우리 제품이나 서비스에 대해 어떤 경험을 갖고 있나? 우리 제품이나 서비스에 대해 더 원하는 것이 무엇인가?' 등의 질문에 대한 답을 정리해 본다. 이런 질문에 대한 답을 리서치 내용에서 찾아 모아본다면 추측성 오류를 줄일 수 있다.

한편 신제품이나 서비스를 개발해야 하는 경우라면 일상의 패턴, 태도 등에 집중하여 정리하는 것이 효과적이다. 라이프스타일을 보면서 새로운 필요에 대한 기회를 찾는 것이므로 고객이 될만한 대상의 전반적인 이해가 중요하다. 특히 기술과 생활의 수준이 높아진 21세기 환경에서는 중요하게 여기는 가치들이 무엇인지 주목해야 한다. 오늘날의 소비자들은 단순한 기능과 편리성 이상의 의미 있는 가치를 중요시하는 경향이 크기 때문이다. 이처럼 프로젝트의 성격에 따라 관련 내용을 정리한다면 핵심에 가까워질 수 있고 또한 추측으로 기우는 것을 막아 퍼소나 작업의 유익함을 경험할 수 있다.

퍼소나는 공감을 위한 도구일 뿐 퍼소나 완성이 목적이 아니다.

알모디씽 전문가 과정의 프런티어 팀은 분석한 트렌드 중 체험경제 분야를 선택하여 최근 소규모 형태로 제공되는 국내 투어 상품을 선택하였다. 공정의 가치를 지향하는 기업 '진DoI'의 대전 골목 투어 개선 사례로, 고객그룹의 연령층 분포가 비슷하고 범위가 넓어 세 개의 퍼소나를 제작하였다.

체험경제 프로젝트 해본
진Dol 필드리서치 및 분석

고객 그룹 '퍼소나'

이름/나이/직업: 뭉크, 26세, N잡러
특징: 디지털 강자
가치관: 재미&의미, 플렉스, 무관심
　　　　가치추구, 소확행
추구하는 방향: 지속가능, 워라밸, 공유경제
취미: 여행, SNS 사진찍기
목표: 물로, 독립
선호 브랜드: 명품한정판, 중고, 스벅
　　　　무인샵, 편의점, 배민, 쏘카
성격: 진심인 편, 젠더감수성, 본캐+부캐
　　　　창의적, 독립적, 건강중시
　　　　연결은 좋지만 구속은 싫어함
행동: 취향중심활동
　　　　오하운, 의미주구활동, 리츄얼, 팬덤

이름/나이/직업: 이지현, 48세, 프리랜서
특징: 4인가족, 반려견
가치관: 자율적인 삶, 각자도생
추구하는방향: 자유, 책임
취미: 그림감상, 여행, 공연관람
목표: 가늘고 길게살자, 선한영향력 전파
선호브랜드: 자주, 아름다운가게, 자라
　　　　나이키, 모던하우스, 이케아
성격: 화합을 중시함, 가끔 화냄
　　　　꼼꼼함, 정의에 불탐
행동: 일할때 하고 놀 땐다.
　　　　가족과의 시간 중요
　　　　행복감을 주는 활동 찾음
　　　　읽고 쓰는 삶, 새로운 경험 선호
　　　　젊은 세대와 공감 좋아함

나이/교육: 62세, 고학력
특징: 부부가구, 중산층
가치관: 정신적 성숙, 유산, 이타성 추구,
　　　　가치있는 생애
추구하는방향: 지속가능, 워라밸, 공유경제
취미: 독서, 글쓰기
목표: 다음 세대에게 정신적 유산을
　　　　남기는 삶
특징: 가사일에 시간 투자 안함
　　　　디지털 리터러시 유능
　　　　부모부양
　　　　돈을 벌기보다 가치있게 쓰고자함
　　　　자녀세대로 부터 독립
행동: 새로운 지식이나 디지털기기사용법 등
　　　　배우기

진Dol의 골목 투어 프로젝트를 위한 고객그룹 퍼소나

문제와 가치 정의의 습관적 추측

추측의 오류는 대개 디자인 리서치를 통해 어느 정도 정보를
얻게 되어 그 내용을 토대로 작업을 진행할 때 일어날 수 있는
현상이다. 이는 일부 정보를 수집하였으므로 빠르게 결론에 도
달하려는 경향 때문이다. 특별히 문제를 발견하고 최종적으로
전달해야 하는 가치를 정의하는 단계에서 이러한 오류를 흔히
보게 된다. 물론 하나의 프로젝트를 다룰 때 한 가지 문제만이

알고도
모르는
104
디자인씽킹의
비밀

아닌 여러 가지 문제가 발견되는 경우가 더 많다. 그러나 공공의 문제에서는 이미 드러난 문제를 확인하고 분석하여 어떠한 것으로 대체해야 하는지 방향성을 찾게 되는데, 도달하게 되는 그 방향성이 바로 가치이다. 이는 물리적인 것 외에 심리적인 것도 포함하기 때문이다. 리서치를 하면서 인사이트를 얻고 대략적으로 결론을 떠올릴 수도 있다. 그렇다면 앞서 정리한 퍼소나를 참고하면서 팀원들과 하나의 이야기가 되도록 정리하여 점검해 보는 것이 효과적이다.

- 발견된 주요한 문제는 무엇인가?
- 문제와 관련된 대상은 누구인가?
- 이 문제는 그들에게 왜 중요한가?
- 어떤 배경이 이 문제의 직접적인 원인이 되었나?
- 어떤 사회문화적 혹은 기술적 요소가 영향을 주었는가?

이 질문들은 사회문제 혹은 기업의 제품이나 서비스 개발과 개선을 위해 모두 적용해 볼 수 있다. 이렇게 질문을 따라 정리하는 과정에서 모든 팀원들은 그동안 수집했던 내용들을 좀 더 논리적으로 요약하고 더 쉽게 이해할 수 있다. 특히 관련된 대상에게 이 문제가 왜 중요한지 분석하면서 궁극적으로 추구할 가치를 정리할 수 있다. 환경에 대한 의식, 자아성취, 단순한 기능적 편리성, 혹은 배움에 대한 욕구 등 물리적이거나 정서적인 가치들을 포함한다. 이러한 가치들을 분석하는 것은 사람들이 이야기하지 않거나 하지 못한 내면의 욕구들이 문제 해결의 더

문제 정의를 위해서는 리서치 분석의 주요 내용을
모두 한 줄에 잘 꿰어야 한다.

근본적인 단서가 될 수 있기 때문이다.

프로젝트 성격에 따라 앞의 질문들이 아닌 다른 방식의 단순한 정리가 도움이 될 수도 있다. 수고롭게 긴 시간 동안 디자인 리서치를 했지만 그 내용들을 문제 정의과정에 잘 반영하지 못하는 경우도 적지 않다. 따라서 문제를 정의하기 전에 트렌드를 포함한 2차 데이터와 1차 데이터를 팀원 모두가 잘 이해하고 있는지 확인하기 위해 주요 내용들을 프로젝트 개요 혹은 프로젝트 브리프 Project Brief 라는 이름으로 정리해 보는 것도 좋은 방법이다.

알모디씽 프런티어 팀은 진Dol의 골목 투어 사전 리서치를 위해 여행트렌드 및 산업동향을 분석하고 박진석 대표와의 인터뷰를 통해 기업이 전달하고자 하는 가치, 조직의 역량, 홍보채널, 외부 지원 등의 정보를 얻었다. 이후, 팀원들은 모두 대표적 상품인 소제동/대동 골목 투어를 체험하고 프로젝트 브리프를 작성해 보았다.

체험경제 프로젝트 해본
진Dol 필드리서치 및 분석

 프로젝트 브리프

1. 프로젝트의 비전과 목표

· 서비스 경쟁력 강화

· 로컬콘텐츠 활용을 통한
  브랜드 차별화

· 기업의 제공가치 전달력 강화

2. 기회와 관련된 중요한 배경이나 제약조건

[기회요인]
· 코로나로 지역 관광으로의 유입현상
· 마을활성화 정책
· 소제동 재생사업
· 대전방문의 해
· 소제동이 인스타그램에서 '핫플'인 점
· 대동과 소제동의 환경 및 스토리
· 대전역과의 접근성, 대전의 지리적 접근성

[제약조건]
· ⬚⬚⬚⬚⬚⬚⬚⬚⬚⬚
· ⬚⬚⬚⬚⬚⬚⬚⬚⬚⬚⬚⬚⬚⬚
· ⬚⬚⬚⬚⬚⬚⬚
· ⬚⬚⬚⬚⬚⬚⬚⬚⬚

3. 핵심타겟 그룹

· 소규모·짧은 여행 선호자
  (가족, 동창, 취미그룹)

· 선진지 탐방 그룹

· 레트로감성 추구하는 MZ 세대
  (잠재고객)

· 가치소비를 중시하는 여행객

4. 주요한 이해관계자

5. 가치를 창출하기 위한 주요 활동

· 스토리텔링을 통한 지역 이야기 소개
· 지역의 독특한 문화 및 시간여행 개발
· 공정의 가치와 의미 전달
· 지역상권이나 주민과의 관계형성

6. 기업은 어떻게 기여할 수 있나?

· 가치소비로의 기여
· 대전시 지역 컨텐츠 발굴
· 상품관련 이해관계자와의 네트워크
· 지역 굿즈 생산자들의 채널
· 지역상권 관계 조성을 통한 수익 환원
· 참여를 위한 인재 발굴 및 일자리 창출

진Dol의 골목 투어 상품 개선을 위한 프로젝트 브리프 프로젝트의 진행방향을 팀원 모두가 잘 이해했다면 고객그룹의 특징을 기억하면서 대안 찾기 단계의 문을 쉽게 열 수 있도록 핵심문제를 한 문장으로 완성해 본다. '까칠하고 예민한 그러나 인정받고 싶은 욕구가 강한 우리 고객들을 위해 _____ 문제를 어떻게 해결해 줄 수 있을까?' 혹은 '외롭지만 혼자만의 시간도 필요한 우리의 소비자들을 위해 어떻게 _____를 제공할 수 있을까?' 등의 질문으로 정리하여 앞서 프로젝트 브리프의 주요 내용을 기억하면서 문제에 대한 대안을 찾아가 보도록 한다.

진Do! 프로젝트에서는 소제동과 대동을 중심으로 한 투어의 핵심고객그룹들을 대상으로 하여 두 가지 문장으로 문제를 정리할 수 있었다. 부모와의 동행을 꺼리는 10대 자녀들이 기꺼이 함께 참여할 만한 활동을 찾는 가족과 소제동의 카페와 공간들을 가장 많이 즐길만한 대상인 MZ세대를 중심으로 문제가 정의됐다. 이런 경우 직접 관찰하고 인터뷰한 내용뿐 아니라 트렌드 분석과정에서 수집한 MZ세대의 특징에 대한 정보들은 그들에게 필요한 가치를 정의하는 데 큰 도움이 되었다.

체험경제 프로젝트 해본
진Dol 필드리서치 및 분석

40대 가족동반 고객	"어떻게 10대와 함께한 가족고객이 재미와 의미를 충족 할 수 있도록 도울 수 있을까?

| MZ세대 | "어떻게 디지털 환경에 익숙한 MZ세대가
가치와 감성을 충족 하는 경험이 될 수 있도록 도울수 있을까? |

★ 이후 아이디에이션은 MZ세대 문제정의에 집중하였습니다.

진Dol의 골목 투어 상품 개선을 위한 문제 정의

이러한 과정을 진행하는 이유는 결국 구체적인 해결책을 찾기
위함이다. 따라서 아이디어 확산과정을 좀 더 원활히 시작할
수 있도록 '그렇다면 해결책을 위해 발견한 단서는 무엇이었
나?'라는 질문으로 이어갈 수 있다. 이 단서 중에는 디자인 리
서치과정 인터뷰 중 소비자가 스스로 불만과 함께 이야기한 작
은 제안도 포함된다. 혹은 현장 리서치와 관찰과정에서 발견된
가능성일 수도 있다. 그러나 여기서 그치지 않고 이해관계자들
의 새로운 조합이나 고객들이 갖고 있는 주요한 가치관의 관점

에서 '전혀 다른 방향에서 다시 문제를 바라본다면?'이라는 질문으로 새로운 혁신의 시작을 열 수도 있다.

알고도 모르는 비밀 6:
거칠게 놀아본다

강조하는 원리:

공동작업

인간 중심의

비선형의 반복적 실험

모두가 창조자라는 긍정적 인식

실험의 결과는 성공보다 실패일 가능성이 더 높다. 그러나 그
반복의 실패가 결국 성공으로 완성된다. 그러나 많은 사업가
는 자신의 생각에 도취되어 충분한 확인절차 없이 제품을 출
시한다. 충분히 훈련되지 않은 디자이너들은 자신의 기호에 따
라 디자인 결과물을 빨리 완성하고 싶어 하는 경향이 있다. 무
엇보다 주관적 생각에 따라 서둘러 결론 내고 싶은 욕구가 생
기기 때문이다. 하버드 비즈니스 스쿨의 클레이튼 크리스텐슨
Clayton Christensen 교수에 따르면 매해 3만 개의 신제품이 출시
되지만 95%가 실패한다고 한다.[20] 결과적으로 5%만이 성공한

다는 이야기와 같다. 그래서 지금보다 훨씬 더 밀착되고 더 깊은 연구와 진지한 실험을 통해 성공률을 높여보고자 하는 것이다. 결국 새로운 접근법인 디자인씽킹에 기대를 걸어보는 것이다. 가트너 Gartner 마케팅 전문기업의 연구에 의하면 2010년대 초반에는 고객 경험을 근거로 하면 경쟁에서 이길 수 있을 것이라고 생각한 기업이 36%였지만 중반 이후에는 89%로 증가하였다고 한다.[21] 그만큼 고객 경험으로 드러나는 인간 중심의 개발방식이 주목받고 있다는 의미이다. 다만 이 방식의 핵심적 원리인 '공감과 확인' 중 확인의 과정이 충실하게 진행되지 않는다면 결과적으로 지난 수십 년간 해왔던 오류들과 큰 차이가 없게 된다.

앞서 얘기했던 것처럼 단기간의 디자인씽킹 교육과정은 콘셉트를 결정하고 과정을 마무리하는 경우가 많지만 실전에서는 다르다. 스무고개 수수께끼에서 후반부의 확인과정이 정답률을 높이는 결정적 단계가 되는 것과 같다. 최종 콘셉트 후보들에 대한 소비자들의 반응 실험은 전반부 리서치와 아이디어를 확산하느라 수고하고 애쓴 이유이다. 그러므로 프로토타입의 테스트과정은 새로운 시작이라고 생각하는 것이 좋다. 이것이

디자인씽킹의 반복적 비선형 원리의 의미이다. 언제나 새롭게 처음 혹은 중간으로 가서 단계를 반복하리라는 생각으로 임하는 것이 바람직하다. 작곡가가 작곡을 할 때 혹은 소설가가 하나의 소설을 쓰기 위해 썼다 지우기를 반복하는 과정과 같다. 가장 능력 있는 마케팅전문가는 콘셉트를 결정하기 위해 사용자그룹, 고객평가그룹에 대한 다양한 데이터 수집방법 등을 알고 있는 사람이다. 소비자의 목소리를 제대로 이해하는 것이 가장 중요하기 때문이다. 그러나 많은 경우 기업이나 조직에 그런 전문적인 마케터가 없다. 그래서 결국 그것을 이용하게 될 대상에게 반복해서 확인하고 확인해야 한다.

맥킨지 컨설팅기업이 2018년 10월에 발표한 보고서에 의하면 설문조사 결과 약 60%의 기업들이 개발과정 후반부에 프로토타입을 조직 내부에 제한하여 테스트하고 있다.[22] 너무 최종적인 단계에서 프로토타입 테스트를 하므로 누가 감히 문제를 제기하고 앞의 과정을 반복하자는 말을 할 수 있겠는가? 이것이 결정적인 오류를 일으키는 이유이다. 그래서 최종 콘셉트들의 테스트는 저렴하고 거친 형태로 가능한 한 빠르게 실험해 보는 것이 디자인씽킹의 핵심이라고도 할 수 있다. 신속히 반응을

알고도
모르는
디자인씽킹의
비밀

114

듣고 실패를 확인하고 결국 최선의 결과물을 만들어 내려는 것이기 때문이다.

소설가 어니스트 헤밍웨이는 무엇이든 처음에 쓴 초고는 쓰레기라고 하였다. 그의 명작 〈무기여 잘 있거라〉는 마지막 결론을 39번이나 고쳤다고 한다. 또 다른 소설 〈해는 또다시 떠오른다〉는 첫 단락을 무려 100번 가까이 수정했다는 이야기도 있다. 아이디어의 초반 프로토타입 역시 개선을 위해 만드는 것이므로 과도하게 심미적 형태를 욕심내거나 너무 세부적인 것을 다루지 않도록 한다. 프로토타이핑은 프로토타입을 만들고 반응을 테스트하여 분석하고 다시 개선하는 세 가지 단계의 반복을 의미한다. 그렇기 때문에 프로토타입을 만드는 것만큼 실질적으로 고객이나 소비자, 그 외 관계자들에게 테스트해 보고 피드백을 얻는 것이 중요하다는 것을 잊지 말아야 한다. 종종 엔지니어들이나 디자이너들과 같이 자신들의 기술로 프로토타입을 만드는 일에 너무 몰입하는 경우 지나치게 시간을 허비하게 될 수도 있다. 특히 디자이너들은 잘 그리고 멋지게 만들고 싶은 욕심이 생기겠지만 처음 시도한 것은 쓰레기가 될 것이라 생각하는 것이 좋다.

디자인씽킹의 과정이 함께하는 코크리에이션의 공동작업으로 이루어진다는 점에서 작곡이나 소설 쓰기와는 다르다고 할 수 있다. 그러나 작곡의 경우에도 완성된 멜로디에 가사를 더하고 어떤 악기와 리듬으로 편곡하는가가 흥행에 영향을 준다. 그래서 같은 곡이라도 세월이 흘러 새로운 가수나 편곡으로 다시 흥행에 성공하기도 한다. 그에 반해 완성된 소설 혹은 영화의 경우는 공개되기 전에 독자나 관객의 반응을 충분히 실험할 수 없다. 미리 의견을 반영해 내용을 변경할 수 없으므로 시장 출시 이후의 반응을 기다릴 수밖에 없다.

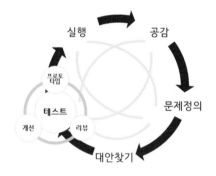

프로토타이핑의 주요한 세 가지 활동

다행히 제품이나 서비스는 출시 전에 소비자의 반응을 확인하고 개선할 수 있다. 다만 어떻게 이 중요한 실험을 전반부 과정과 같이 끝까지 팀원 모두 열정적으로 참여할 수 있게 하는가가 관건이다. 실제 개발과정에서는 이 단계에서 대부분 열정을 잃고 지쳐서 이제 그만 끝내고 싶은 마음이 들기 때문이다.

거친 프로토타이핑을 놀이처럼

대다수 기업들의 경우와 같이 확인과정에서 큰 오류를 발견하려 하는 것은 너무 늦은 단계에서 지나치게 완성도 높은 프로토타입을 만들려고 하는 것이다. 최종 선정된 아이디어의 프로토타이핑 과정이 아니라 가능성 있는 아이디어들을 '빠르고 거친 프로토타입'으로 실험하는 것이 프로젝트를 제대로 된 방향으로 이끄는 방법이다. 또한 괜찮아 보이는 아이디어들 중에서 버릴 것을 초기에 확인할 수 있다. 그래서 프로토타입으로 시각화해 보는 것은 콘셉트의 개발과정 초기, 즉 아이디어 후보들의 수렴과정에서 즉각적으로 시도해 보는 것이 더 효과적이다.

그런데 효과적인 프로토타이핑을 위해서는 또 다른 필수적인 조건이 따른다. 즐겁게 작업할 수 있는 재료와 공간이 준비되어야 한다는 점이다. 글로벌 서비스잼 Global Service Jam 의 공동 창립자인 마커스 호메스 Markus Hormess 는 프로토타이핑의 모든 과정은 놀이처럼 할 것을 강조한다. 즉, 프로토타이핑의 과정은 놀이처럼 진행하는 것이 핵심이다. '놀이처럼' 하는 방식은 매우 중요함에도 불구하고 소홀히 다루어지고 있는 과정을 끝까지 열정적으로 반복할 수 있도록 해준다. 우리의 교육환경은 연령이 올라갈수록 사고의 방식을 제한하고 있다. 유치원과 초등학교 저학년 교실은 여러 가지 만들기 재료로 채워져 있다. 그러나 점차 학년이 올라갈수록 깨끗이 정리된 공간에서 머리로만 생각하는 것을 습관 들이게 된다. 전형적인 직장을 생각해 보면 대부분 컴퓨터를 앞에 두고 있다.

디자인씽킹의 매력에 빠져들기 시작한 사람이라면 이제 다시 손으로 생각하는 방법으로 바꿔보는 것이 좋다.

그래서 다양한 사람들이 모여서 개발과정을 진행하는 공간은 언제나 여러 재료들로 준비되어 있는 것이 바람직하다. 모든 것을 손에 닿을 수 있도록 가까이에 두고 머리가 아닌 손으로 생각하도록 한다. 그렇게 되면 재료들을 준비한 뒤 별도의 프로토타입 제작과정을 진행하기보다 아이디어를 생각하고 설명할 때 시도할 수 있기 때문이다. 종종 소비자나 관계자들과의 인터뷰과정에서 결정적인 아이디어를 얻는 경우가 많다. 특히 디자이너나 개발자들에게 익숙하지 않은 분야거나 지금까지 없었던 제품을 이야기할 때 이 접근법은 더 유용하다. 이처럼 아이디어를 바로 그 자리에서 시각화하여 보거나 만지면서 이야기하는 것은 다음과 같은 매우 유익한 효과가 있다.

● 지쳐 있는 팀원들이 흥미를 갖고 끝까지 집중하게 돕는다.
● 팀원 모두가 각자 상상하던 것에서 벗어나 해당 콘셉트에 대해 잘 이해하게 한다.
● 그것이 없었을 때와는 비교할 수 없이 훨씬 더 구체적이고 실질적인 생각들을 떠오르게 한다.

스케치는 언제나 가장 저렴하고 간단한 프로토타이핑 방법이다. 주변에서 보이는 재료를 이용해 주요 기능과 형태를 즉각적으로 만들어 볼 수 있다. 카드보드나 재활용 재료들, 책상 위에 놓여 있는 필기도구, 쓰레기통에 버려졌던 재료 등을 활용하는 것도 쉬운 방법이다. 이 과정은 거의 유치원 아이들의 만들기 활동과 비슷하다. 유치해 보이고 거칠고 다듬어지지 않았지만 과정의 의미는 매우 크다. 그래서 디자인씽킹의 과정은 필기도구와 메모지만이 아닌 다양한 재료와 도구로 실험 공간을 조성하여 언제나 쉽고 저렴한 프로토타입의 작업을 격려하는 것이 좋다.

서비스인 경우 지도나 공간배치도 위에 작은 미니어처 등을 이용해 서비스 흐름이나 고객 여정을 확인하는 데스크톱 워크스루 Desktop Walkthrough 로 재미와 효과를 더할 수 있다.

이보다 좀 더 실제와 가까운 경험에 대한 실험방법도 있다. 고객 경험 컨설턴트 아담 로렌스[23]는 본래 심리학과 자동차산업 분야 경력을 갖고 있는 코미디언이며 배우이다. 그는 세계 굴지의 브랜드 프로젝트들을 진행하였다. 2016년 국내 서비스디자인 콘퍼런스의 강연자로 초대되었던 그가 경험으로 놀아보는 방법을 나누었던 워크숍은 나에게 신선한 충격을 주었다. 그는 각자 겪었던 문제 상황을 역할극을 통해 참여자들과 공유하도록 하였다. 이러한 활동은 처음에는 모두에게 매우 어색했지만 일단 시작한 이후에는 그 상황을 더 생생하게 전달할 수 있었다. 그는 프로토타이핑 과정에서도 이 방법을 실행해 보기를 강력히 추천한다. 리허설의 형태로 진행되는 이 방식은 전체 흐름을 쉽게 이해하도록 할 뿐 아니라 일어날 수 있는 반응들을 더 실감 나게 공유할 수 있게 한다. 단순히 말로 표현할 때보다 맡은 역할의 입장을 좀 더 실질적으로 예상할 수 있기 때문이다.

맥도날드의 사례를 보면 좀 더 이해가 쉽다. 맥도날드 드라이브 스루 Drive-through 콘셉트의 프로토타이핑은 빈 공간에서 아무것도 없이 시작되었다. 개발에 참여한 팀원들은 모두 서서 원을 그리고 돌면서 시스템의 흐름이 충분히 만족스러울 때까지 움직여 보았다. 이런 과정 이후 카드보드로 창구를 만들고 기존의 맥도날드 봉투를 이용하여 고객에게 음식이 담긴 봉투를 전달하는 과정을 모두가 만족할 때까지 시도해 보았다. 기술적인 프로토타입 단계에서는 본사 건물과 공간을 이용해 음식을 준비하는 시간과 자동차로 움직이는 공간의 거리들을 확인하며 전체적인 원형적 흐름을 완성하였다. 이 과정에서는 프랜차이즈 매장에 적용할 수 있는 일정한 기준을 정하고 시스템을 완성하였다. 최종적으로 본사 주변의 매장에서 먼저 실제 고객들에게 테스트한 후 결과가 성공적이라고 판단되었을 때 세계 각국의 매장에 적용하기 시작하였다.

1. Empty room

2. LO-FI mock-up

3. Technical mock-up

4. Field test

맥도날드 드라이브 스루 프로토타이핑 과정

1. 활동으로 생각을 실행해 보는 처음 단계의 프로토타입
2. 대략적으로 핵심 서비스를 위주로 실험해 보는 단계
3. 환경과 시스템을 유사하게 만들고 실험해 보는 기술적 프로토타이핑
4. 실제 매장에서 고객들을 대상으로 실험해 보는 현장테스트 단계

알고도 모르는 비밀 7:
사용자 이전에 인간이다

강조하는 원리:

인간 중심의

주변 배경에 대한 이해

디자인씽킹이라는 혁신적 원리를 적용하고 그 방식을 따라 작업을 진행하였어도 결과는 그리 성공적이지 않을 수 있다. 나름 소비자 중심으로 접근하여 충분히 그들의 소리에 집중하였음에도 불구하고 말이다. 성공하지 않았다는 것은 새로 소개한 제품이나 서비스가 기대했던 만큼 사람들이 많이 찾고 사용하지 않는다는 것이다.

이럴 때는 두 가지 측면에서 다시 고민해 보아야 한다. 먼저, 문제의 본질이 무엇인지를 처음부터 다시 점검해 보는 것이 좋다. 더러 프로젝트를 시작할 때 이미 제품이나 서비스의 방향을 정해놓는 경우가 있다. 이런 경우는 '무엇이 문제이며 소비자가 무엇을 원할까'라는 질문보다 어떻게 이 제품이나 서비스를 구성할까 하는 것에 초점을 맞춰 작업하게 된다. 따라서 편견 없이 소비자들의 암묵적인 니즈들을 수집하지 못하고 내용 구성을 위한 질문들로 리서치를 대신하게 된다. 디자인씽킹의 프로세스를 실행하였다고 생각하겠지만, 처음부터 사람들의 진정한 필요를 찾기 위한 편견 없는 접근방식과는 거리가 있었던 것이다.

비슷한 제품이나 서비스가 이미 존재하고 있다면 그러나 그리 사랑받고 있지 못하다면 단순히 새로운 브랜드로 비슷한 결과물을 내놓는 것으로는 부족하다. 특히 비즈니스 모델의 수익 구조를 고려하지 않아도 되는 사회서비스나 공공서비스의 경우 각 시나 도마다 비슷한 서비스를 제공하지만 주민들에게 외면당하는 경우도 많다. 충분한 리서치로 새로운 관점에서 접근하지 못한 채 다른 지역과 유사한 것으로 구색 맞추는 것에 그치기 때문이다. 기업의 경우 한동안 계속 가져왔던 제품과 서비스이기 때문에 기존의 틀에 갇혀 벗어나지 못한 것일 수도 있다.

안경점의 프랜차이즈 본사는 매장이용과 관련하여 어떻게 더 나은 서비스를 제공할까 하는 물음에서부터 출발할 것이다. 그러나 소비자 측에서 보는 문제의 본질은 '어떻게 나에게 맞는 안경을 저렴하게 구입할 수 있을까?'이다. 이런 본질적 질문에서 다시 시작한다면 '와비파커 Warby Parker'의 홈트라이온 Home Try-on 시스템과 같은 전혀 새로운 창조적인 대안을 제시할 수 있다. 안경은 안경점에서만 구입할 수 있다는 생각에서부터 출발했다면, 다섯 개의 안경 후보를 집에서 착용해 본다는 것을 상상이나 할 수 있었겠는가.

두 번째는 인간의 본성, 즉 소비자들의 일반적인 특성을 놓치고 있는 것은 아닌지 살펴보아야 한다. 우리는 모두 일상에서 사용자 혹은 소비자의 위치에 있지만, 프로젝트에 참여할 때는 제공자의 입장이 되기 때문에 소비자들의 일반적인 시각을 갖기 어렵다. 다행히 코크리에이션의 과정에서 충분히 소비자들과 함께하였다면 이런 오류를 줄일 수 있다. 그러나 소비자라하여도 장기적으로 프로젝트에 참여하는 동안 어느새 선택한 콘셉트에 익숙해지고 개발과정의 수고를 경험하면서 본래 소비자 입장의 냉정한 판단력을 잃기도 한다. 여기에 한정된 아이디어의 소극적인 프로토타입 실험이 더해지면 결과는 더 성공과 멀어지게 된다.

결국, 나도 소비자도 모두 단순하고도 복잡한 인간이다.

예외가 없는 것은 아니지만 우리 모두인 소비자들은 일반적으로 다음과 같은 경향을 갖고 있다.

● 소비자는 항상 바쁘다.
● 소비자는 복잡한 것을 싫어한다.
● 소비자는 쉽게 잊어버린다.
● 소비자는 오래 기다리지 않는다.
● 소비자는 편리하고 새로운 것으로 쉽게 이동한다.
● 소비자는 맛없어도 맛있게 먹었다고 한다.
● 소비자는 많은 사람들이 가는 방향을 따라간다.

이런 경향들 때문에 개발과정에서 팀원들끼리 지나치게 열의 있게 만들어 놓은 여러 기능들이 소비자에게는 종종 너무 복잡하게 느껴진다. 무엇보다 소비자들은 쏟아지는 새로운 제품과 서비스의 홍수 속에서 매우 짧은 시간 안에 자신에게 필요한 것만을 선택한다. 바쁘고 복잡한 시대에 살고 있는 우리 모두는 굳이 필요 없는 것을 찬찬히 살펴볼 여유가 없다. 게다가 개발자들의 입장에서는 소비자들의 솔직한 의견을 확인하기도 쉽지 않다. 겸손과 예의 그리고 전형적인 집단주의인 우리나라의 배경에서는 더욱더 그렇다. 따라서 공감과 확인의 과정에 진지하지 않으면 실제 출시 이후의 결과는 예상과 많이 어긋날 수 있다.

개발자들을 흥분시켰지만, 소비자에게는 너무 복잡하여 외면 당한 전자제품, 웨어러블 기기, 스마트폰이나 태블릿PC와 같은 디지털 기기 제품들이 너무나 많다. 기능이 너무 많아서, 사용 법이 복잡해서, 귀찮은 과정을 포함하여서 등이 원인으로 꼽힌 다. 특히 공공기관에서 주민들에게 필요할 것으로 판단하고 제 공하였지만 실제로는 자발적인 참여가 없어 활용되지 못한 경 우도 흔히 볼 수 있다.

커뮤니티 매핑 애플리케이션을 그 예로 들 수 있다. 커뮤니티 매핑이란 기존에 공개되어 있는 지도 외에 특정 주제에 따라 집단지성, 즉 많은 사람들이 직접 위치 정보를 입력하여 만드 는 특성화된 지도를 말한다. 2005년 구글이 누구나 사용 가능 한 온라인 지도정보 서비스를 공개하면서 가능해졌다. 이 분야 에서 개척자 역할을 한 커뮤니티 매핑 센터의 임완수 대표가 뉴욕시민들과 함께 완성한 뉴욕시 공중화장실 지도는 잘 알려진 긍정적 참여의 사례이다. 모두에게 절실한 필요였기 때문에 많은 참여가 이루어졌고 유익한 정보로 공유되었다. 국내에서도 몇몇 지역자치단체에서 개별적으로 커뮤니티 매핑 애플리케이션을 제작하여 제공하고 있다. 그러나 지속적으로 활발히 사용되는 지역 사례는 찾아보기 어렵다. 단순히 개인적으로 필요에 의해 선택되는 제품이나 서비스가 아니기 때문이다. 의미 있는 사회적 가치를 중요하게 여기는 주민들의 자발적 참여와 수고가 반드시 동반되어야 하기 때문이기도 하다. 이런 경우 주민들의 참여를 이끌 프로그램을 함께 기획할 필요가 있다. 항상 바쁘고 쉽게 잊어버리는 사람들의 특성 때문이다. 게다가 혼자서 하기에 쉽지 않은 작업이기 때문에 더욱 그렇다. 그래서 누군가 의미를 부각시켜 동기를 부여하며 함께 지도를 제작할 수 있는 별도의 콘텐츠가 필요하다.

이처럼 제대로 사랑받는 제품이나 서비스를 개발하기 위해서는 소비자들에 대한 단편적 이해가 아닌 인간 본연의 기본적 특성을 이해하는 것이 중요하다. 결국, 열 길 물속보다 어려운 한 길 사람의 마음을 알기 위해 편견과 선입견 없이 민족지학 연구자와 같은 자세로 공감하고 또 끝까지 확인하는 것이 인간 중심

문제 해결의 핵심이 된다는 것을 기억해야 한다.

04

DESIGN THINKING

4장

이 모든 것
위에

알고도 모르는 마지막 팁

디지털 기술 덕분에 새로운 스타트업이 많이 탄생되고 있다.
사회적 가치에 대한 의식이 높아져서 사회적 기업, 소셜벤처
의 창업도 격려되고 있다. 그러나 아무리 특별한 기술이나 좋
은 뜻을 가진 조직도 결국 살아남지 못하면 그 목적을 제대로
펼칠 수가 없다. 따라서 기업의 지속가능성은 항상 전략적으로
명민하게 다뤄져야 한다. 핵심은 결국 소비자의 만족이다. 그
러기 위해서는 너무나 뻔한 그러나 역시 결국 제대로 알지 못
했던 원리를 간단한 요약문으로 기억하자.

"**원하는 것**을 발견하고
대안을 찾았다면
취향을 반영하여
그들이 **모여 있는 곳에**
전달한다."

언제나 문제도 답도 소비자들이 갖고 있다. 그래서 그들의 속 마음을 알기 위해 그들과 관계 맺는다는 마음으로 알아가야 한다. 다시 말하면 진심 어린 마음으로 공감하고 듣고 살펴서 거기에 필요한 최적의 대안을 함께 힘을 모아 정성스럽게 찾는다. 이 두 개의 단계가 제대로 준비되지 않았다면 결국 전달할 것이 없다는 것과 같다.

요구하는 것을 세심하게 파악해 만들어 놓았다고 해도 소비자의 취향을 모르면 그다음 단계에서 외면당한다. 이건 더 고통스러운 일이다. 왜냐하면, 첫 번째 두 번째 단계를 위해 너무 수고했기 때문이다. 그래서 소비자들에게 그간 익숙해진 시대적, 기술적 배경과 디자인 수준을 무시하면 안 된다. 지난 수십 년간 우리나라의 모든 분야에서 디자인 수준은 매우 높아져서 그 시각적 수준을 반드시 만족시켜야 한다. 그 바탕 위에 세대별 취향 또한 놓치지 말아야 한다. 연령별 그룹들의 문화적, 감각적 취향은 달라서 이 부분을 최종적으로 잘 선별하여 디자인과 전달방식에 적용해야 한다. 작은 기업과 조직이라면 비용에 대한 부담이 있다. 그래도 지금은 디자인 분야 프리랜서 플랫폼에서 얼마든지 합리적인 가격에 디자이너의 도움을 받을 수 있다. 여기에 투자할 가치가 있다.

마지막으로 우리에게 문제를 호소한 혹은 우리가 문제를 해결해 주어야 할 그 대상이 어디에 많이 모이는지 잘 살펴서 그곳에 알리고 전하도록 한다. 어떤 특정 지역일 수도 있고 어느 온라인상에서의 공간일 수도 있다. 시대별로 연령대별로 기호별로 주로 모이는 장소가 다르다. TV 앞에 있는지, 컴퓨터 앞에 있는지, 스마트폰 앞에 있는지, 가상공간 앞에 있는지 또 힙한 장소에 모이는지, 자연과 계곡을 즐기는지, 번쩍이는 화려한 곳을 찾는지 잘 추적해 본다.

위의 이 네 단계 중 하나를 소홀히 해도 기업의 지속가능성은 위협당한다. 첫 두 단계가 제대로 되지 못하면 시장에 진입하기가 어렵고 세 번째와 네 번째 단계가 없으면 일어서는 데 시간이 걸리고 지속가능성은 훨씬 낮아진다.

너무나도 인간적인

20세기를 지나는 동안 기술과 산업의 급격한 발전으로 인해 우리는 훨씬 편리한 세상을 살게 되었다. 다들 산업의 변화에 적응하면서 주변을 따라 하느라 바쁘고 분주하게 달려왔다. 잘 살아 보자는 생각과 편리함을 위해 서로 자극하고 경쟁하면서 긴장 속에 살아왔다. 그러는 동안 그 산업화된 사회가 가져온 어두운 부분이 있다는 것도 모두 잘 알고 있다. 과도한 경쟁 속에서 생존을 위해 영혼까지 끌어들이는 수고를 다하는 세대를 보고 있다. 옳은 것과 바른 것만을 추구하는 삶은 극심한 경쟁 속에서 제대로 실현하기가 쉽지 않다. 그러나 한편 이제 세상은 어쩔 수 없이 인정하게 되었다. 사람들은 더 이상 거짓에 속지 않는다는 것을. 게다가 자연과 인간의 본질적인 의미와 가치를 더 곰곰이 생각해 보기 시작하였다는 것을. 즉 자연은 본래의 모습을 회복해야 하고 인간이라면 누구나 존중받아야 한다는 것을 사람들은 어느 시대보다 진지하게 생각해 보기 시작하였다.

결과적으로 기업들은 자신들의 존재 이유를 다시 생각해 보고 인류를 위한 더 멋진 미션을 목적으로 전환하고 있다. 국가는 모두에게 공정할 수 있도록 그들 나름대로 노력하고 있다. 지역에서는 곳곳마다 더불어 살기의 바람이 불고 있다. 소비자가, 국민이 그리고 주민들이 더 이상 거짓에 속지 않고 정의를 분별하게 되었고 뭉치면 훨씬 살만하다는 것을 새삼 다시 깨달아 가고 있기 때문일 것이다.

이러한 시대에 디자인씽킹의 '인간 중심'이란 원리가 주목받고 있는 것은 당연하다고 할 수 있다. 단순히 '문제의 중심에 사람을 둔다' 혹은 '함께 문제를 풀어간다'는 의미 이상이 있기 때문이다. 디자인씽킹의 인간 중심 원리란 누구나 소외감, 두려움, 불안, 당황, 그리움 같은 감정을 갖고 있다는 것들을 인식하는 것부터 시작한다. 고객이 왕이라고 소리쳤던 그 시대와 민주주의를 배워가던 과거와는 많이 다르게 인간이라면 당연히 누려야 하는 권리까지 진심으로 관심을 갖는 것이다. 강퍅해진 사회 속에서 외형적이고 물리적인 것만이 아닌 회복, 치유, 돌봄, 나눔, 자유, 평안, 함께, 균형과 같은 가치들을 원하는 소비자들을 위해 고민하는 최선의 방식일 수 있다. 그래야만 비로소 새로운 기술의 편리성, 기능성 외에도 주어진 자원 안에서 세심한 보살핌을 통해 사람들이 누려야 하는 행복감을 채워줄 수 있는 대안을 찾아볼 수 있기 때문이다.

이 책은 디자인씽킹 작업의 참여 경험이 없는 분들에게는 그리고 기술적인 것들을 기대했던 분들에게는 충분하지 못했을 것이다. 그러나 디자인씽킹의 과정은 아무리 잘 정리된 책을 본다 해도 이론적으로 배울 수 있는 것이 아니다. 사용되는 도구와 기술에 대해 자세히 공부하였더라도 결국 그것을 실제 현장에서 사용하기 전까지는 자기 것이 되지 못한다. 디자인씽킹은 '행동으로 생각하는 과정'이기 때문이다. 게다가 팀과 함께 진행하되 반드시 문제 안에 있는 사람들을 진심 어린 마음으로 이해할 수 있어야 하니 말이다. 혼자 생각하고 혼자 고민하던 것에서 함께 나누고 서로 확인하는 과정을 진행하기 위해서 우리는 우리의 익숙한 자리에서 일어나야 한다. 그래서 흥미롭고 한편 거추장스럽기도 하다. 모두가 함께 진실을 찾고 또 반복해서 확인해야 하기 때문이다.

세상을 편리하고 더 낫게 만들고자 했던 디자인 본래의 목적은 오랫동안 어쩔 수 없이 많은 부분 시장경쟁에서 살아남기 위한 수단으로 이용되어 왔다. 그러나 이제 디자인은 지금까지보다 더 진지하게 시작부터 자연과 사람들에 대한 존중의 태도로 접근해서 대안을 찾아가는 것에 동참해야 한다. 진심 어린 마음으로 정직한 방법을 사용하여 단독이 아닌 함께 힘을 합쳐 지금까지와 다른 두려운 실험을 해보는 것이다. 그래서 기술의 발전으로 생활환경은 편리하면서도 우리의 삶은 '인간적인 너무나도 인간적인' 그 시절로 다시 돌아갈 수 있도록.

Put yourself in other people's shoes!

미주

1   https://www.bobaedream.co.kr

2   Cross, N., Dorst, K., & Roozenburg, N. 1991. 《Research in design thinking》, Delft
    University of Technology

3   Gregg Berryman, 《Notes on Graphic Design and Visual Communication》: William
    Kaufmann, Inc

4   IDEO Design Thinking Blog

5   Mendoca, L.T. & Rao, H. 2008, Nov, 《Lessons from innovation's front lines: an interview
    with IDEO's CEO》, Mckinsey Quarterly, pp.1-7.

6   팀 브라운, 2019, 《디자인에 집중하라》, 김영사

7   Cross, N., Dorst, K., & Roozenburg, N. 1991. 《Research in design thinking》, Delft
    University of Technology.

8   Shapira, H., Ketchie A., & Nehe, M. 2017. 《The integration of design thinking and
    strategic sustainable development》, Journal of Cleaner Production, 140, pp.277-287.

9   신상철, 2018, 〈한국 장수기업 현황과 정책적 시사점〉, 중소기업연구원

10 http://www.hankook.com

11 김동수, 2000, 《나의 사업이야기 예비기업인에게 들려주는: 이제 무대는 세계다》,
    매일경제신문사

12 필 나이트, 2020, 《슈독》, 사회평론

13 Oliver Bannatyne Blog, Thoughts on Design Thinking with SAP Leonardo

14 EBS Business Review, 〈서울대학교 보건대학원 조영태 교수의 인구학과 비즈니스의
    상관관계〉

15 통계청, 2010, 〈한국의 사회동향〉

16 최영호, 2020, 〈빠르게 증가하는 '1인가구'의 주거문제, '공유주택'에서 해법을 찾을 수
    있을까?〉, MADTIMES

17 한석우, 김정진, 2000, 〈타운 워칭에 의한 트렌드 트래킹 시스템과 활용에 관한 연구〉,

디자인학연구, 13(4) P.228

18 안경미, 김기옥, 2015, 〈소비트렌드와 서비스혁신사례 연계성에 대한 연구〉,
    한국과학예술융합학회 19, pp.443-453

19 디자인하우스,《월간디자인 2012》, 10월호

20 Clayton Christensen et al. 2015, December,《What is Disruptive Innovation?》, Harvard
    Business Review

21 Jake Sorofman, 2014, Gartner surveys confirm customer experience is the now
    battlefield

22 McKinsey & Company, 2018 Oct,《The Business value of design》, Mckinsey Quarterly

23 http://www.workplayexperience.com/about

알고도 모르는
디자인씽킹의 비밀

초판 1쇄 발행 2021. 10. 8.

지은이 안경미
펴낸이 김병호
편집진행 한가연 | **디자인** 정지영 | **일러스트레이션** 토디앤로디

펴낸곳 주식회사 바른북스
등록 2019년 4월 3일 제2019-000040호
주소 서울시 성동구 연무장5길 9-16, 301호 (성수동2가, 블루스톤타워)
대표전화 070-7857-9719 **경영지원** 02-3409-9719 **팩스** 070-7610-9820
이메일 barunbooks21@naver.com **원고투고** barunbooks21@naver.com
홈페이지 www.barunbooks.com **공식 블로그** blog.naver.com/barunbooks7
공식 포스트 post.naver.com/barunbooks7 **페이스북** facebook.com/barunbooks7

바른북스는 여러분의 다양한 아이디어와 원고 투고를 설레는 마음으로 기다리고 있습니다.